Maggie O'Farrell
Ich bin, ich bin, ich

PIPER

Zu diesem Buch

Von Anfang an bestimmt der Tod ihr Leben.
Als Maggie O'Farrell im Alter von acht Jahren beinah an einer unbekannten Virusinfektion starb, als sie mit fünfzehn aus Übermut und Freiheitsdrang einen törichten Fehler beging. Als sie in der Idylle des Lake District eine zutiefst beunruhigende Begegnung hatte. Oder als sie in einer unterbesetzten Klinik mit inkompetentem Personal bei der Geburt ihrer ersten Tochter fast gestorben wäre. An den unterschiedlichsten Orten, zu unterschiedlichen Zeiten lenkte der Tod Maggie O'Farrells Leben. Ihre außergewöhnliche und doch so alltägliche Geschichte stellt existenzielle Fragen: Wie würde ich handeln, wenn ich in tödliche Gefahr geriete? Was stünde für mich auf dem Spiel? Und, nicht zuletzt, wer würde ich danach sein? »Ich bin, ich bin, ich bin« ist ein Buch, das man mit einem neuen Gefühl der Verletzlichkeit aus der Hand legt, mit dem Gefühl, dass jeder neue Herzschlag zählt.

Maggie O'Farrell wurde 1972 in Nordirland geboren und wuchs in Wales und Schottland auf. Für ihre bislang acht Romane wurde sie u.a. mit dem Somerset Maugham Award und dem Costa Novel Award ausgezeichnet. Ihr jüngster Roman »Judith und Hamnet« steht auf der Shortlist des Women's Prize for Fiction. Zusammen mit dem Schriftsteller William Sutcliff und den drei gemeinsamen Kindern lebt Maggie O'Farrell heute in Edinburgh.

Maggie O´Farrell

ICHBIN
ICHBIN
ICHBIN

17 Berührungen mit dem Tod

Aus dem Englischen
von Sabine Roth

PIPER

Mehr über unsere Autoren und Bücher:
www.piper.de

Wenn Ihnen dieses Buch gefallen hat, schreiben Sie uns
unter Nennung des Titels »Ich bin, ich bin, ich bin«
an *empfehlungen@piper.de*, und wir empfehlen Ihnen
gerne vergleichbare Bücher.

Von Maggie O´Farrell liegen im Piper Verlag vor:
Ich bin, ich bin, ich bin
Judith und Hamnet

MIX
Papier aus verantwortungsvollen Quellen
FSC® C083411

Ungekürzte Taschenbuchausgabe
ISBN 978-3-492-31724-5
September 2020
© Maggie O´Farrell 2017
Titel der englischen Originalausgabe:
»I am, I am, I am«, Tinder Press, London 2018
© der deutschsprachigen Ausgabe:
Piper Verlag GmbH, München 2018
Umschlaggestaltung: zero-media.net, München
Satz: Satz für Satz, Wangen im Allgäu
Gesetzt aus der Sabon
Druck und Bindung: CPI books GmbH, Leck
Printed in the EU

Für meine Kinder

Ich holte tief Luft und
lauschte dem Prahlen meines Herzens.
Ich bin, ich bin, ich bin.
Sylvia Plath, Die Glasglocke

Hals

1990

Hinter einem Felsblock hervor tritt mir ein Mann in den Weg.

Wir stehen, er und ich, am abseitigen Ufer eines dunklen Gebirgssees, der in der Gipfelmulde verborgen liegt. Der Himmel über uns ist milchig blau; in dieser Höhe wächst nichts mehr, sodass wir allein sind mit den Felsen und dem stillen schwarzen Wasser. Breitbeinig steht er da in seinen Bergstiefeln, auf dem schmalen Weg, und er lächelt.

Mir wird mehreres klar. Dass ich ihm vorhin schon begegnet bin, weiter unten im Tal, wo wir uns gegrüßt haben, freundlich, aber kurz, wie unter Wanderern üblich. Dass mich auf diesem abgelegenen Pfad niemand hören wird. Dass er auf mich gewartet haben muss, dass er das Ganze geplant hat, sorgsam, methodisch, und ich ihm in die Falle gegangen bin.

All dies begreife ich in einem Sekundenbruchteil.

Der Tag – ein Tag, an dem ich beinahe sterbe – hat für mich früh begonnen, mit dem Weckerrasseln gleich im ersten Licht. Ich bin in meine Uniform geschlüpft, aus dem Wohnwagen geklettert und leise die Steintreppe in die verlassene Küche hinuntergestiegen, um dort die Öfen, die Kaffeemaschinen, die Toaster einzuschalten, fünf große Brotlaibe aufzuschneiden, die Wasserkessel zu füllen und vierzig Papierservietten zu großblütigen Orchideen zu falten.

Ich bin seit kurzer Zeit achtzehn, und ich habe mich abgeseilt. Von allem: Zuhause, Schule, Eltern, Prüfungen, der Warterei auf die Noten. Ich habe mir einen Job weit weg von allen gesucht, die ich kenne, in einem »ganzheitlichen alternativen Zentrum«, wie es sich nennt, am Fuß eines Berges.

Ich serviere das Frühstück, ich räume das Frühstück ab, ich wische die Tische sauber, ich erinnere die Gäste daran, ihre Schlüssel abzugeben. Ich gehe in ihre Zimmer, ich mache ihre Betten, ich ziehe neue Wäsche auf, schaffe Ordnung. Ich hebe Kleidungsstücke, Handtücher, Bücher, Schuhe, ätherische Öle und Yogamatten vom Boden auf. Und erahne aus den Geschichten, die diese in den Zimmern verstreuten Gegenstände erzählen, wie weit Schein und Sein auseinanderklaffen. Der penible, leicht oberlehrerhafte Herr, für den es immer ein ganz bestimmter Tisch sein muss, eine spezielle Seife, zu hundert Prozent fettfreie Milch, steht auf flauschig weiche Kaschmirsocken und Boxershorts aus üppig gemusterter Seide. Die Frau, die mit hochgeschlossener Bluse, niedergeschlagenen Augen und herauswachsender Dauerwelle beim Abendessen sitzt, hat eine nächtliche Doppelgängerin, die eine Sadomasokluft mit reiterischem Einschlag trägt: Zaumzeug, winzige Ledersättel, eine zierliche, aber gefährlich aussehende silberne Gerte. Im Zimmer der Eheleute aus London, die als Paar so sagenhaft, so beneidenswert perfekt wirken – sich über den Esstisch bei ihren schön manikürten Händen halten, lachend von Spaziergängen durch die Dämmerung zurückkommen, mir ihre Hochzeitsfotos zeigen –, spricht aus allem Trauer, ein verzweifeltes Hoffen. Auf den Ablagen im Bad liegen Teststreifen für den Eisprung. Auf den Nachtkästchen stapeln sich Hormonpräparate. Ich rühre nichts davon an, um zu signalisieren: Ich habe das nicht gesehen, nicht wahrgenommen, ich weiß von nichts.

Den ganzen Vormittag sichte und sortiere und richte ich die Leben anderer. Ich beseitige menschliche Rückstände, tilge jeden Hinweis darauf, dass sie gegessen, geschlafen, gevögelt, gestritten, sich gewaschen, Kleider getragen, Zeitungen gelesen haben, ich putze Haare, Hautschuppen, Bartstoppeln, Blut und Nagelschnipsel weg. Ich wische Staub, zerre den Staubsauger an seiner langen Leine hinter mir her über die Korridore. Und dann, gegen Mittag, bleiben mir mit etwas Glück bis zur Abendschicht vier Stunden, in denen ich tun kann, was ich will.

Also habe ich den Aufstieg zum See gemacht, wie so oft in meiner Mittagspause, nur bin ich heute aus irgendeinem Grund bis zum hinteren Ufer gegangen. Warum? Das weiß ich nicht mehr. Vielleicht war ich früher als sonst mit der Arbeit fertig, vielleicht haben die Gäste weniger Chaos hinterlassen, sodass ich eher aufbrechen konnte. Vielleicht hat mich der helle Sonnentag von meiner gewohnten Route weggelockt.

Mein bisheriges Leben hat mir keinen Anlass gegeben, der Natur zu misstrauen. Ich habe einen Selbstverteidigungskurs gemacht, im Gemeindezentrum der kleinen schottischen Küstenstadt, in der ich meine Oberschuljahre verbracht habe. Der Lehrer, ein massiger Mann im Judoanzug, malte uns mit schaurigem Gusto die verschiedensten Gefahrensituationen aus. Später Abend, ihr kommt aus einem Pub – unter seinen abnormal buschigen Augenbrauen sah er von einer zur anderen –, und so ein bulliger Typ springt aus einer Seitengasse und packt euch. Oder: Ein enger Gang im Nachtklub, und ein Betrunkener drängt euch an die Wand. Oder: Es ist dunkel, es ist neblig, ihr wartet an der Ampel, und dieser Kerl zerrt an eurer Handtasche und stößt euch zu Boden. Die Gruselszenarien mündeten stets in derselben Frage, die er uns schon fast schadenfroh stellte: Also, was macht ihr?

Und so rammten wir fiktiven Angreifern die Ellbogen in die Gurgel, nicht ohne dabei die Augen zu verdrehen, schließlich waren wir halbwüchsige Mädchen. Wir übten, immer schön abwechselnd, unsere markerschütternden Schreie. Wir beteten pflichtgetreu und genervt die Schwachpunkte des männlichen Körpers herunter: Auge, Nase, Kehle, Weichteile, Knie. Wir hielten uns für bestens gerüstet, jederzeit imstande, es mit dem im Hinterhalt lauernden Unbekannten, dem besoffenen Grapscher, dem Handtaschenräuber aufzunehmen. Wir verließen uns darauf, dass wir es schon schaffen würden, uns aus ihrem Griff zu winden, das Knie hochzureißen, mit den Fingernägeln nach ihren Augen zu stechen; wir würden den Weg aus diesen bedrohlichen und dabei seltsam erregenden Szenarien schon finden, dachten wir. Krach schlagen, die Aufmerksamkeit auf uns ziehen, nach der Polizei schreien – die Botschaft, die wir verinnerlichten, war klar. Seitengasse, Nachtklub, Pub, Bushaltestelle, Ampel: Die Gefahr ging von der Stadt aus. Auf dem Land oder in ländlichen Städtchen wie unserem – wo es keine Nachtklubs gab, keine Seitengassen, nicht einmal eine Ampel – kamen solche Dinge nicht vor. Wir konnten uns frei bewegen.

Und doch steht hier, oben auf dem Berg, dieser Mann und versperrt mir den Weg.

Entscheidend ist jetzt, dass ich den Schein wahre, dass ich meine Angst überspiele. Also gehe ich weiter, setze einen Fuß vor den anderen. Wenn ich mich umdrehe und loslaufe, wird er mich im Nu eingeholt haben, und es ist etwas so Entlarvendes, Endgültiges am Wegrennen. Wegrennen hieße, die Dinge beim Namen zu nennen, die Situation zuzuspitzen. Die einzige Möglichkeit ist, so zu tun, als wäre nichts, als wäre das alles völlig normal.

»So klein ist die Welt«, sagt er zu mir, und sein Blick wandert über mein Gesicht, meinen Körper, meine nackten, schlammverschmierten Beine. Es ist ein Blick, der mehr abschätzend ist als lasziv, mehr berechnend als begehrlich: der Blick eines Mannes, der die Logistik für etwas ausarbeitet, Maß nimmt für die Tat.

Ich kann seinen Blick nicht erwidern, ihn nicht direkt

ansehen, aber ich nehme eng stehende Augen wahr, eine beträchtliche Körpergröße, gelblich weiße Vorderzähne, zwei um die Rucksackträger geschlossene Fäuste.

Ich muss mich räuspern, um meine Antwort herauszubringen: »Stimmt.« Ich glaube, ich nicke dazu. Ich schiebe mich seitwärts um ihn herum, und sein Geruch streift mich, ein scharfes Gemisch aus frischem Schweiß, dem Leder seines Rucksacks und einem beißend chemischen Rasieröl, das mir vage vertraut vorkommt.

Ich bin an ihm vorbei, ich lasse ihn zurück, der Weg liegt offen vor mir. Er hat für seinen Hinterhalt den Scheitelpunkt der Tour gewählt, wird mir klar: Bis hier ging es konstant bergauf, auf den nächsten Metern beginne ich meinen Abstieg zum Gästehaus, zu meiner Abendschicht, zur Arbeit, zum Leben. Von jetzt an führt der Weg nur noch talwärts.

Ich versuche einen Schritt anzuschlagen, der selbstsicher ist, entschlossen, aber nicht furchtsam. Ich fürchte mich nicht, das sage ich mir immer wieder, über das brandungsartige Rauschen meines Pulses hinweg. Vielleicht, denke ich, bin ich frei, vielleicht habe ich die Situation fehlgedeutet. Vielleicht ist es ganz normal, jungen Mädchen auf einsamen Bergpfaden aufzulauern und sie dann einfach gehen zu lassen.

Ich bin achtzehn. Gerade eben. Ich weiß so gut wie nichts.

Doch. Dass er hinter mir herkommt, weiß ich. Ich kann das Knirschen seiner Sohlen hören, das Wetzen seiner Hosenbeine – irgendein atmungsaktives Allwettermaterial.

Und da ist er wieder, im Gleichschritt neben mir. Er kommt dicht heran, vertraut, sein Arm an meiner Schulter, als wäre er ein Freund, als wären wir Klassenkameraden, die von der Schule nach Hause gehen.

»Herrliches Wetter«, sagt er und schaut mich dabei an.

Ich halte den Kopf gesenkt. »Ja«, sage ich, »wirklich.«

»Richtig heiß. Ich überlege, ob ich vielleicht schwimmen gehe.«

Er hat eine komische Sprechweise, fällt mir auf, während wir im Sturmschritt den Weg hinabmarschieren. Schleppend, das r weich, das t überhart, sein Ton stumpf, fast ausdruckslos. Vielleicht hat er leicht »einen weg«, wie die Leute sagen – so wie der Mann, der früher in unserer Straße wohnte und seit dem Krieg nichts mehr weggeworfen hatte. Sein Vorgarten war so überwuchert von Efeu, dass es wie beim Dornröschenschloss aussah. Wir Kinder versuchten immer zu raten, was sich unter den Blätterbuckeln verbergen könnte: ein Auto, ein Zaun, ein Motorrad? Der Mann trug Strickmützen und dazu gemusterte Pullunder und zu kleine, vormals »gute« Anzüge mit einem dichten Filz von Katzenhaaren darauf. Bei Regen legte er sich einen Müllsack um die Schultern. Mal rückte er mit einer Reißverschlusstasche voller Kätzchen bei uns an, mit denen wir spielen sollten; dann wieder ließ er mit wildem Blick betrunkene Schimpfkanonaden wegen irgendwelcher verschwundener Postkarten vom Stapel, und meine Mutter musste ihn beim Arm nehmen und zurück in sein Haus bringen. »Ihr bleibt hier«, sagte sie dann zu uns, »ich bin gleich wieder da«, und führte ihn resolut die Straße hinauf.

Vielleicht, denke ich, und Erleichterung durchflutet mich, steckt nicht mehr dahinter als das. Dieser Mann ist vielleicht wie unser alter Nachbar, dieser exzentrische Außenseiter, der mittlerweile längst tot ist, sein Haus entrümpelt, der Efeu weggehackt und verbrannt. Vielleicht sollte ich Mitleid haben wie meine Mutter. Gütig gegen ihn sein.

Ich drehe mich zu ihm um, während wir Schulter an Schulter am Ufer entlangstürmen. Ich lächle sogar.

»Schwimmen«, sage ich. »Das klingt erfrischend.«

Zur Antwort legt er mir die Schnur seines Feldstechers um den Hals.

Einen oder zwei Tage später betrete ich das Polizeirevier in der nahe gelegenen Stadt. Ich warte in einer Schlange von Leuten, die Meldung über verlorene Brieftaschen, streunende Hunde und zerkratzte Autos machen.

Der Polizist hinter seinem Schalter hört mich mit schief gelegtem Kopf an. »Hat er Sie verletzt?«, ist seine erste Frage. »Hat er Sie berührt, dieser Mann, Sie geschlagen, Sie bedrängt? Hat er irgendetwas Unsittliches gesagt oder getan?«

»Nein«, sage ich, »nicht direkt, aber ...«

»Aber was?«

»Er hätte«, sage ich. »Er war kurz davor.«

Der Polizist mustert mich von oben bis unten. Ich trage abgeschnittene, geflickte Jeans, mehrere durch den Ohrknorpel gepiercte Silberringe, löchrige Turnschuhe, außerdem ein T-Shirt mit dem Bild eines Dodos und der Aufschrift: »*Have you seen this bird?*« Ich habe eine Mähne – kein anderer Ausdruck dafür passt –, zottlige Haare, in die mir ein Gast, eine mild blickende Holländerin, die mit ihrer Harfe und ihrem Filzset reist, Perlen und Federn geflochten hat. Ich sehe nach dem aus, was ich bin: eine Jugendliche, die zum ersten Mal allein lebt, in einem Wohnwagen im Wald irgendwo am Arsch der Welt.

»Also« – der Polizist lehnt sich breit über seine Kladde –, »Sie waren spazieren, Sie haben einen Mann getroffen, Sie sind ein Stück mit ihm gegangen, er war etwas merkwürdig, aber dann sind Sie heil nach Hause gekommen. Ist das Ihre Aussage?«

»Er hat«, sage ich, »mir die Schnur von seinem Feldstecher um den Hals gelegt.«

»Und dann was?«

»Er ...« Ich halte inne. Ich hasse diesen Mann mit seinen struppigen Augenbrauen, seinem Bierbauch, seinen dicken, ungeduldigen Fingern. Ich hasse ihn möglicherweise noch mehr als den Mann oben am Bergsee. »Er hat mir irgendwelche Enten auf dem See gezeigt.«

Der Polizist versucht nicht einmal, sich das Grinsen zu verkneifen. »Verstehe«, sagt er und lässt seine Kladde zuklappen. »Wie fürchterlich.«

Wie hätte ich diesem Polizeibeamten begreiflich machen sollen, dass ich die Gewalttätigkeit des Mannes *fühlen* konnte, dass sie von ihm abstrahlte wie die Sommerhitze von einem Stein? Ich habe die Minuten am Schalter des Polizeireviers wieder und wieder Revue passieren lassen und mich gefragt: Gab es irgendetwas, das ich hätte anders machen, das ich hätte sagen oder tun können, um zu verhindern, was danach geschah?

Ich hätte sagen können: Ich will Ihren Vorgesetzten sprechen. Holen Sie bitte Ihren Chef. Das würde ich heute sagen, mit dreiundvierzig, aber damals? Ich wusste gar nicht, dass so etwas möglich war.

Ich hätte sagen können: Hören Sie, dieser Mann hat zwar gerade *mir* nichts getan, aber jemand anderem wird er etwas tun. Bitte nehmen Sie ihn fest, bevor es dazu kommt.

Ich hätte sagen können, dass ich einen Riecher für heraufziehende Gewalt habe. Dass von mir lange Zeit etwas ausging, das andere zur Gewalt reizte, ohne dass ich je begriff, was genau es war. Wer als Kind drangsaliert oder verprügelt wird, der vergisst nie das Gefühl der Ohnmacht und des Ausgeliefertseins, die Absolutheit, mit der die Stimmung binnen eines Lidschlags, eines einzigen Atemzugs von Wohlwollen in Brutalität umschlagen kann. Dieses Gespür geht ins Blut über wie ein Antikörper. Man lernt schnell, die Vorboten solch unvermittelter Aggression zu erkennen: diese ganz eigene Schwingung in der Luft, dieses Sirren. Man entwickelt Antennen für die nahende Gewalt und entsprechend eine Anzahl an Taktiken, um sie von sich abzuwenden.

In der Schule, auf die ich ging, schien die Gewalt allgegenwärtig. Sie hing in der Luft wie Rauch, in der Aula, den Korridoren, den Klassenzimmern, den Gängen zwischen den Bankreihen. Backpfeifen klatschten, Ohren wurden lang gezogen, Tafellappen flogen mit schmerzhafter Treffsicherheit; ein Lehrer hatte die Angewohnheit, die Schüler, die er nicht mochte, beim Hosenbund zu packen und gegen die Wand zu donnern. Bis heute höre ich den Anprall von Kinderschädeln auf viktorianischen Fliesen.

Bei gröberen Verstößen wurden die Jungen zur Rektorin zitiert, die sie mit dem Rohrstock schlug. Mädchen schlug sie mit einem Gymnastikschuh. Ich pflegte meine Gymnastikschuhe zu betrachten, diese schwarzen Stoffschuhe mit dem hufeisenförmigen Elastikeinsatz überm Spann, in denen wir zum Reckturnen antreten mussten – insbesondere die grau-beigen gerippten Sohlen –, und mir vorzustellen, wie sich das anfühlen möchte: Gummi auf nacktem Fleisch.

Die Rektorin war Gegenstand angstvoller Verehrung – ihr sehniger Hals, die klauenartigen Hände. Ihre mit einer Silbernadel am Pullover festgesteckten Schals. Ihr Büro mit den dunklen Wänden und dem ochsenblutfarbenen Teppich. Wenn ich zu ihr gerufen wurde, um meine Lesekünste vorzuführen, sah ich mich im Geist auf diesem Teppich stehen, den Rock hochgezogen in Erwartung meines Schicksals, gewappnet für den ersten Hieb.

Es färbte auf die Schüler ab, wie auch nicht. »Brennnessel« war besonders beliebt. Unterarme wurden gewrungen, bis die Haut Falten warf wie ein nasser Lappen. Haarbüschel wurden halb ausgerissen, Finger umgebogen, Absätze traten auf Zehen nieder, Hälse wurden im Schwitzkasten gewürgt – die Schläger verfügten über ein sich stets erweiterndes Arsenal an Schikanen. Ich hatte das Pech, nicht mit dem einheimischen Akzent zu sprechen, bei der Einschulung schon lesen zu können, ein Äußeres zu haben, das, wie man mir sagte, abartig war, anstößig, eine inakzeptable Provokation, ich trug Röcke, die zu oft gekürzt und wieder ausgelassen worden waren, war kränklich und fehlte deshalb oft längere Zeit, ich stotterte, wenn ich aufgerufen wurde, besaß keine Lackschuhe und so weiter und so fort. Ein Junge aus meiner Klasse fing mich einmal hinter dem Ziegelschuppen ab und hob mich wortlos an den Trägern meines Sommerkleids so hoch, dass mir die Säume tief in die Achseln schnitten. Weder er noch ich erwähnten diesen Vorfall hinterher mit einer Silbe. Aus einer Gruppe auf dem Pausenhof löste sich irgendwann ein größeres Mädchen mit glänzend-dunklem Pony und schrammte mein Gesicht an der Rinde eines Baums hin und her. In meinem ersten Halbjahr an der Gesamtschule drosch mir ein zwölfjähriger Skinhead mitten in der Chemiestunde die Faust ins Gesicht. Wenn ich mir mit der Zungenspitze über die Oberlippe fahre, spüre ich heute noch die Narbe.

Als mir der Mann die Schnur seines Feldstechers um den Hals schlang – auch wenn er dabei etwas von einer Schar Eiderenten sagte, die er mir zeigen wollte –, wusste ich deshalb sofort, was mir bevorstand. Ich konnte es riechen. Ich sah es förmlich, wie es sich verdichtete und in der Luft zwischen uns glitzerte. Dieser Mann war nur einer mehr in einer langen Reihe von Schikaneuren, der sich an meiner Sprache stieß, an meinen Schuhen, an weiß der Geier was, und mich dafür büßen lassen wollte. Er würde mir Gewalt zufügen, und es gab nichts, wodurch ich ihn daran hindern konnte.

Spiel das Spiel mit, sagte ich mir. Das ist deine einzige Chance. Einen Schläger darfst du nicht herausfordern, du darfst ihn nicht mit sich selbst konfrontieren. Du darfst ihm nie zeigen, dass du ihn durchschaust, dass du ihn als das erkennst, was er ist.

Also blickte ich durch den Feldstecher, für die Dauer eines Herzschlags nur. Ach, sagte ich, Eiderenten, so was, und ich duckte mich seitlich aus der Schlinge dieses Riemens. Er kam mir nach, natürlich kam er mir nach, versuchte mich wieder einzufangen mit seiner Schlaufe aus schwarzem Leder, aber diesmal war ich auf der Hut, ich lächelte ihm entgegen, plapperte über Eiderenten, was für faszinierende Vögel, kam daher der Begriff »Eiderdaunen«, waren es ihre Federn, mit denen Daunenkissen gefüllt wurden? Im Ernst? Wie spannend. Erzählen Sie mir mehr darüber, erzählen Sie mir alles, was Sie über Enten wissen, über Vögel, du liebe Güte, wie gut Sie sich auskennen, Sie gehen wohl sehr oft Vögel beobachten. Ja, nicht wahr? Erzählen Sie mir noch mehr, was ist der seltenste Vogel, den Sie je gesehen haben, nur müssen Sie es mir beim Gehen erzählen, was, schon so spät, ich muss wirklich los, ich muss runter, meine Schicht fängt an, doch, ja, dort unten arbeite ich, sehen Sie die Schornsteine da? Das ist das Haus. Eigentlich ganz nah. Die warten bestimmt schon auf mich. Manchmal gehen sie mir sogar entgegen, wenn ich spät dran bin, doch, mein Chef wird sicher schon unruhig. Er geht auch oft diesen Weg, die ganze Belegschaft geht ihn, er weiß, wo ich unterwegs bin, ganz bestimmt weiß er es, ich hab's ihm ja vorhin noch gesagt, wahrscheinlich ist er schon aufgebrochen, würde mich nicht wundern, wenn er jetzt gleich um die Ecke biegt. Doch, klar können wir das machen, wir gehen in die Richtung, und beim Gehen können Sie mir noch mehr über Vögel erzählen, das fände ich toll, bitte, aber ich muss mich wirklich beeilen, die unten warten schon.

Zwei Wochen später kommt ein Polizeiauto den Serpentinenweg zum Gästehaus hochgefahren, und zwei Leute steigen aus. Ich sehe sie von einem der oberen Fenster, wo ich Kissen in die Bezüge stopfe. Ich weiß augenblicklich, weshalb sie hier sind, darum bin ich, als mein Name gerufen wird, schon auf dem Weg die Treppe hinunter.

Diese beiden haben nichts gemein mit dem Polizisten auf dem Revier. Sie tragen Zivil, und sie sind ernst, konzentriert. Sie zeigen meinem Chef, Vincent, ihre Dienstmarken und Ausweise mit einem Ausdruck ruhiger, routinierter Neutralität.

Sie wollen mich an einem Ort sprechen, wo wir für uns sind, also führt Vincent sie in ein unbelegtes Zimmer. Er kommt mit herein, weil er ein netter Mann ist und ich nur wenige Jahre älter bin als seine Kinder, deren Rufe und Schreie aus dem Garten hinterm Haus zu uns hereinschallen.

Ich sitze auf einem Bett, das ich am Morgen gemacht habe, und der Polizist sitzt an dem verschnörkelten Korbtisch, an dem manche Gäste ihren Morgentee trinken; die Polizistin setzt sich neben mich aufs Bett.

Vincent macht sich unter misstrauischem Murren im

Hintergrund zu schaffen – rückt ein Kristallgehänge vor dem Fenster zurecht, wischt nicht existierenden Staub vom Kaminsims, klappert mit dem Kaminbesteck herum. Er ist ein ehemaliger Hippie, ein Haight-Ashbury-Veteran, und hält entsprechend wenig von der »Bullerei«, wie er sie nennt.

Die Polizeibeamten ignorieren ihn auf eine höfliche, beiläufige Art. Sie interessieren sich, sagt mir die Frau, für einen Mann, der mir kürzlich auf einer Wanderung begegnet ist. Ob ich ihnen möglichst genau schildern kann, was passiert ist?

Das kann ich. Ich fange am Anfang an, erwähne, dass ich ihn schon weiter unten getroffen habe, dass er in die Gegenrichtung weitergegangen und dann plötzlich vor mir aufgetaucht ist. »Keine Ahnung, wie er das geschafft hat«, sage ich, »es gibt nämlich keine Abkürzung, jedenfalls weiß ich von keiner.« Sie lauschen mit beherrschter Spannung, nickend, sie ermuntern mich zum Weiterreden. Ihr Blick weicht keine Sekunde von meinem Gesicht; ich habe ihre ungeteilte Aufmerksamkeit. Als ich zu der Stelle mit dem Feldstecher komme, hören sie auf zu nicken. Sie starren mich an, alle beide, ihre Augen geweitet, reglos. Es ist ein seltsamer, geballter Moment. Ich glaube nicht, dass einer von uns atmet.

»Die Schnur von einem Feldstecher?«, fragt der Mann.

»Ja«, sage ich.

»Und er hat sie Ihnen um den Hals gelegt?«

Ich nicke. Sie sehen weg, senken den Blick; die Frau notiert sich etwas in ihr Heft.

Ob ich wohl bereit wäre, fragt sie und reicht mir einen Ordner, mir ein paar Fotos anzuschauen und ihnen zu sagen, ob ich den Mann auf einem davon erkenne?

An diesem Punkt schaltet mein Chef sich ein, er kann nicht anders. »Du brauchst nichts zu sagen, das weißt du, gar nichts musst du denen sagen. Sie braucht Ihnen überhaupt nichts zu sagen.«

Die Polizistin bringt ihn mit einer Handbewegung zum Schweigen, während ich auch schon mit dem Finger auf ein Foto tippe.

»Der da«, sage ich.

Die Beamten sehen hin. Die Frau notiert sich wieder etwas in ihr Heft. Der Mann dankt mir; er nimmt den Ordner.

»Er hat jemanden umgebracht«, sage ich. »Oder?«

Sie wechseln einen kryptischen Blick, schweigen aber.

»Er hat jemanden erwürgt. Mit der Schnur von seinem Feldstecher.« Ich schaue von einem zum anderen, und wir alle wissen, dass es wahr ist. »Oder?«

Vincent drüben an der Wand flucht leise. Dann kommt er zu mir und gibt mir sein Taschentuch.

Das ermordete Mädchen war zweiundzwanzig. Sie kam aus Neuseeland und wollte mit ihrem Freund eine Rucksacktour durch Europa machen. An dem fraglichen Tag fühlte er sich nicht gut und blieb in der Jugendherberge, während sie allein auf den Berg stieg. Sie wurde vergewaltigt, erwürgt und dann notdürftig verscharrt. Ihr Leichnam wurde drei Tage später entdeckt, nicht weit von dem Pfad, auf dem ich gegangen war.

All dies weiß ich nur, weil ich es die Woche darauf in der Lokalzeitung las; die Polizei gab mir keine Auskunft. Ich sah die Schlagzeile im Fenster eines Kiosks, ging hinein, um die Zeitung zu kaufen, und vom Titelblatt sah mich ihr Gesicht an. Sie hatte helles, mit einem Tuch zurückgebundenes Haar, Sommersprossen, ein freundliches, argloses Lächeln.

Ich denke an sie, vielleicht nicht jeden Tag, aber fast jeden. Ich bin mir ihres Lebens bewusst, das ausgelöscht worden ist, verkürzt, während das meine aus irgendeinem Grund weitergehen durfte.

Ich habe nie erfahren, ob sie ihn gefasst haben, ob er überführt wurde, verurteilt und eingesperrt. Bei der Befragung hatte ich das deutliche Gefühl, dass die Kriminalbeamten ihm auf der Spur waren, ihn vielleicht sogar festgenommen hatten, dass sie von mir nur die passende Aussage brauchten. Vielleicht waren die DNA-Spuren eindeutig. Vielleicht hatte er gestanden. Vielleicht gab es noch andere Zeugen, andere Opfer, andere Mädchen, die mit knapper Not davongekommen waren und vor Gericht aussagten; ich wurde nie kontaktiert und war zu unbedarft oder schlicht zu verstört, um bei der Polizei anzurufen und zu sagen: Was ist passiert, habt ihr ihn erwischt, ist er hinter Gittern? Kurz darauf ging ich aus der Gegend fort, darum erfuhr ich es auch später nicht. Damals waren die Nachrichten noch nicht allgegenwärtig, ließen sich Informationen nicht überall sofort abrufen. Heute finde ich keine Spur dieses Verbrechens, keinen Hinweis darauf im Internet, obwohl ich mehrfach gesucht habe.

Ich weiß nicht, weshalb er mich verschont hat und sie nicht. Ist sie panisch geworden? Hat sie wegzulaufen versucht? Hat sie geschrien? Hat sie den Fehler gemacht, an das Monster in ihm zu rühren?

Über lange Zeit hinweg habe ich von dem Mann geträumt. Er erschien mir in einer Vielzahl von Verkleidungen, aber immer mit Rucksack und Feldstecher. In den dunklen Wirren mancher Träume erkannte ich ihn nur an diesen Requisiten, und dann dachte ich: Schau an, du mal wieder. Gibt es dich immer noch?

Es ist kein Erlebnis, das sich leicht in Worte fassen lässt. Ich behalte es für mich oder habe es bislang immer für mich behalten. Ich habe seinerzeit niemandem davon erzählt, nicht meinen Freunden, nicht meiner Familie; es schien nicht möglich, das, was passiert war, in zusammenhängende Sätze zu fassen. Streng genommen weiß nur ein Mensch davon, nämlich der Mann, den ich schließlich geheiratet habe, und ihn kannte ich schon viele Jahre, als ich es ihm sagte. Das war an einem Abend in Chile, als wir im Speiseraum unseres Hostels saßen, und sein Gesicht spiegelte beim Zuhören ein so abgrundtiefes Entsetzen wider, dass ich mir nur schwer vorstellen kann, es jemals wieder jemandem zu erzählen.

Was diesem Mädchen zugestoßen ist und um ein Haar mir zugestoßen wäre, will sich nicht zur Anekdote formen oder in geläufige erzählerische Bahnen lenken lassen, um beliebig am Esstisch oder am Telefon wiederholt zu werden. Es ist eine jener Geschichten, die vom Bösen handeln, vom Grauen selbst, von unseren schlimmsten Fantasien. Es ist eine Geschichte, die an einem wortlosen, dunklen Ort unter Verschluss gehalten sein will. Der Tod hat mich gestreift auf jenem Pfad, so dicht, dass ich seine Hand spüren konnte, aber gepackt und niedergerungen hat er das andere Mädchen, nicht mich.

Bis heute darf mich niemand um den Hals fassen, weder mein Mann noch meine Kinder, noch der freundliche Arzt, der einmal meine Mandeln abtasten wollte. Ich zucke zurück, ehe mir überhaupt klar wird, warum. Ich ertrage keinerlei Berührung dort. Schals, Polokragen, Ketten, sämtliche Oberteile oder Blusen, die den Hals in irgendeiner Weise umschließen – all das ist mir ein Grauen.

Neulich hat meine Tochter zur Spitze eines Hügels gezeigt, an dem wir auf dem Weg zur Schule vorbeikommen.

»Können wir da mal raufsteigen?«

»Sicher«, sagte ich mit einem schnellen Blick zu der grünen Kuppe hinauf.

»Nur du und ich?«

Ich schwieg einen Moment. »Wir können alle zusammen gehen«, sagte ich. »Die ganze Familie.«

Hellhörig, wie sie ist, spürte sie sofort, dass ich auswich. »Warum nicht nur wir zwei?«

»Weil ... die anderen sicher auch Lust hätten.«

»Aber warum nicht du und ich?«

Weil, dachte ich, mir dazu die Worte fehlen. Weil ich nicht ansatzweise ausdrücken kann, welche Gefahren hinter der nächsten Kurve auf dich lauern, hinter Wegbiegungen, Felsblöcken, im Dickicht der Wälder. Weil du erst sechs bist. Weil es in der Welt Menschen gibt, die dir wehtun wollen, ohne dass du je begreifen wirst, warum. Weil ich noch keinen Weg gefunden habe, dir diese Dinge zu erklären. Aber ich finde ihn.

Lunge

1988

Es ist spät, Mitternacht fast, und eine Gruppe Teenager sitzt am äußersten Ende der Hafenmauer. Die Stadt liegt in der Rundung der Bucht, ein Band aus Lichtern über dem Sand. Der Hafen ist ihr Treffpunkt; hier finden sie zusammen, auch ohne sich abzusprechen; etwas an seiner exponierten Lage an der Schwelle zwischen Land und Meer scheint sie anzuziehen, besonders abends.

Sie bleiben lange hier draußen. Sie langweilen sich, auf diese geisttötende Art, die typisch ist für ihr Alter. Sie sind alle um die sechzehn. Sie haben ihre ersten Prüfungen abgelegt und warten jetzt auf die Noten, warten darauf, dass der Sommer zu Ende geht, dass die Schule wieder anfängt, dass ihre Zukunft Form annimmt, die Touristen abreisen, sie warten, warten. Manche warten darauf, dass ein verkorkster Haarschnitt herauswächst, dass ihre Eltern ihnen das Autofahren erlauben oder ihr Taschengeld aufstocken oder endlich schnallen, wie beschissen es ihnen geht, dass der Junge oder das Mädchen ihrer Wahl Notiz von ihnen nimmt, dass die Kassette kommt, die sie im Musikladen bestellt haben, dass ihre Schuhe kaputtgehen, damit sie neue bekommen, dass der Bus um die Ecke biegt, dass das Telefon klingelt. Sie warten, alle warten sie, weil das Warten die Hauptbeschäftigung von Teenagern in Küstenstädten ist. Darauf, dass etwas endet, dass etwas beginnt.

Zwei von ihnen sind miteinander gegangen, haben sich getrennt und wiedergefunden. Manche haben schon den Führerschein, andere noch nicht einmal mit den Fahrstunden begonnen. Einer raucht, aber der Großteil nicht. Das hier sind nicht die Schüler, die Drogen nehmen oder sich besaufen und herumvögeln.

Alle haben Ferienjobs, Dienstleistungen unterschiedlicher Art für die Touristen, die während der Sommermonate in jeder Ritze der Stadt zu stecken scheinen wie Sand in einem Schuh. Zwei der Jungen arbeiten als Abfallaufklauber auf dem Golfplatz, ein Mädchen als Verkäuferin in dem Eiswagen am Strand.

Einer dieser Teenager bin ich. Ich kellnere abends in einem Golfhotel. Während ich hier sitze, auf dem kühlen Vulkanstein der Hafenmauer, meine Füße über der Tiefe baumelnd, rieche ich den Hotelmief in meinen Haaren – Zigaretten, aufgewärmtes Essen, Frittenfett, verschüttetes Bier an meinem Ärmelaufschlag. Einen Geruch nach Großküche und Kneipe und dem Urlaub anderer Leute.

Als eins von den Mädchen fragt, wer sich traut, von der Hafenmauer ins Wasser zu springen, fühle ich mich nicht groß unter Druck. Ich habe schon öfter miterlebt, wie sich die Dynamik innerhalb einer Gruppe verschiebt, ins Gefährliche kippt. Wenn jemand einen Einzelnen oder alle zusammen zu etwas herausfordert, das riskant oder illegal oder beides ist, kann der Abend schnell Schlagseite bekommen. Wie damals, als ein Mädchen wollte, dass wir alle auf einen langsam fahrenden Güterzug aufsprangen. Oder als einer von den Jungs auf das Dach eines aufgelassenen Karussells kletterte, abrutschte und den Rest des Halbjahrs in Gips verbrachte. Oder als ein anderes Mädchen brennende Streichhölzer in sämtliche Abfallkörbe der Strandpromenade warf. Oder als zwei Jungen am Auto des Schulleiters die Reifen zerstachen und die Scheibenwischer abmontierten.

Heute erzähle ich diese Geschichten meinen Kindern, und sie schauen mich mit großen Augen an. So was hast du gemacht?, fragen sie. Nicht ich, sage ich dann, aber die Leute, mit denen ich zusammen war. Es wird Zeiten geben, sage ich ihnen, wenn ihr Teenager seid und mit den anderen loszieht und jemand etwas vorschlägt, von dem ihr wisst, dass es keine gute Idee ist, und ihr euch entscheiden müsst, ob ihr mitmacht oder nicht. Ob ihr mit dem Strom schwimmt oder dagegen. Ob ihr den Mund aufmacht und sagt: Nein, ich finde, das sollten wir lieber lassen. Nein, ich will das nicht. Nein, ich gehe heim.

Mir ist es immer leichtgefallen, mich aus einer Gruppe auszuklinken, mich gegen den Anführer oder die Anführerin zu stellen. Gangs, Cliquen, Dazugehören, damit hatte ich nie viel am Hut. Die angesagten Leute sind nicht meine Leute und waren es eigentlich noch nie. Das ist es also nicht, was mich antreibt, als ich dort oben auf der Hafenmauer die Beine anziehe, mich hochrapple in dem schwachen Wind, der vom Meer heranweht, und sage: »Ich mach's.«

Nein, was mich treibt, ist der Drang, etwas zu tun – irgendetwas –, das mich herausholt aus der eintönigen Banalität meines Sechzehnjährigendaseins. Das diesen Tag hervorhebt aus der Endlosreihe identisch dahinplätschernder Tage. Es ist der Drang, einzutauchen ins Wasser, dieses andere Element, diesen dunklen, schwappenden Umriss am Fuß der Hafenmauer; ich fühle seine Tiefe, seine Kompaktheit, seine kalte, wartende Kraft, auch wenn ich sie nicht sehen kann. Ich will, dass es mich reinwäscht vom Mief des Hotels, des Speisesaals, von den Ehemännern, die mich vor den Augen ihrer gezierten Gattinnen taxieren, wenn ich nach ihren Dessertwünschen frage, und sagen: »Ich vernasch einfach dich.« Mein Job ist einer, von dem man beschmutzt heimkommt, nach Fritteuse stinkend und mit einem flauen Gefühl im Magen. Ein Job, bei dem man von den Gästen einer Golfparty reihum betatscht wird, während man ihnen das Gemüse vorlegt, und schwer an sich halten muss, um die Gabel nicht einfach umzudrehen und sie ihnen in die feisten Handgelenke zu rammen. Man soll kreischen und kichern, wenn der Koch plötzlich ohne Hose vor einem steht und mit den Hüften wackelt, sein Schwanz verstörend nackt und rosa in dem Nest aus schwarzem Schamhaar. Nur die älteren Bedienungen – die in Vollzeit hier arbeiten, für den Lebensunterhalt, nicht nur als Ferienjob – haben das Recht, mit einer Serviette nach dem fraglichen Schwanz zu schlagen und zu schelten: Pack das weg, und lass die Kleine zufrieden. Und man darf bloß keine Vegetarierin sein, denn sonst schleicht sich der Tellerwäscher mit einem abgehäuteten Ochsenschwanz von hinten an, wenn man sich in dem lichtlosen Anbau in die Eistruhe beugt, und schlingt einem den kalten, gallertartigen Strang um die Handgelenke.

All das und noch mehr treibt mich von meinem Platz hoch. Mit sechzehn kann man so rastlos sein, so gefrustet, so angewidert von allem um einen herum, dass man bereit ist, im Dunkeln aus bestimmt fünfzehn Meter Höhe in die abziehende Flut zu springen.

Die See ist ruhig heute Nacht, ihr Auf und Ab unter uns glatt, wie geölt. Ich ziehe die Schuhe aus. Ich schaue nicht hinab.

Der Fall ist kürzer als gedacht. Ein Luftstoß trifft mich, wie ein Windzug durch eine plötzlich geöffnete Tür, dann bin ich von einer anderen Welt umschlossen, verschluckt von den Wellen.

In meinen Ohren dröhnt es, die Nebenhöhlen laufen mir voll, das Salz brennt mir im Mund und in den Augen, mein Hemd wallt um mich auf wie Flügel. Ich muss im schiefen Winkel aufgeschlagen sein, denn meine eine Körperseite fühlt sich wund an. Das Wasser ist schwarz; eine absolute Dunkelheit umgibt mich, eine Urdunkelheit, aphotisch, ohne den kleinsten Lichtschimmer. Ich öffne und schließe meine Augen, ohne irgendeinen Unterschied festzustellen, irgendeine Veränderung.

Ich sinke immer noch, tiefer und tiefer, langsamer und langsamer, und denke, bald muss ich den Grund erreicht haben, bald treffen meine Füße auf Schlick und Sand, sodass ich mich abstoßen kann, mich nach oben stoßen, zurück zur Oberfläche, zu meinen Freunden, meinem Leben.

Kein Sand ist zu spüren. Ich rudere mit den Füßen, strecke die Zehen durch wie eine Ballerina – nichts. Ich sinke immer weiter, zumindest kommt es mir so vor. So tief kann es doch nicht sein.

In meinem Kokon aus Wasser wird mir etwas klar. Meine Koordination, meine räumliche Orientierung funktioniert nicht wie bei anderen Menschen. Eine Krankheit in meiner Kindheit hat zu einer, um es mit den Neurologen zu sagen, dauerhaften Schädigung der Hirnregionen geführt, die Motorik und Gleichgewicht kontrollieren. Die Leute oben auf der Hafenmauer wissen das nicht; da wir erst vor wenigen Jahren hierhergezogen sind, ist es ihnen erspart geblieben, mich im Rollstuhl zu sehen, als Krüppel, als Behinderte. Ich lebe mit einer Reihe neurologischer Beeinträchtigungen, darunter einem mangelnden Gespür für die Dinge in meiner Umgebung und für meinen Platz darin. Diese unbewusste Funktion ist mir verloren gegangen; stattdessen bin ich auf visuelle Anhaltspunkte angewiesen. »Propriozeption« nennt sich diese Fähigkeit, die mir abgeht. So kann ich etwa nicht nach einem Stift greifen und gleichzeitig mit jemandem reden. Ich muss im Sprechen innehalten, hinsehen, meine Hand gezielt ausstrecken, nur dann kommen Handfläche und Stift zusammen. Wenn die visuellen Hinweise aus irgendeinem Grund wegfallen, bin ich aufgeschmissen, hilflos – anders ausgedrückt: Ich schwimme.

Und deshalb fehlt mir, wenn nachts schwarzes, lichtloses Wasser über mir zusammenschlägt, jedes Gefühl dafür, wo oben und unten ist; nichts sagt mir, wie ich zurück an die Luft komme.

Ich habe mich manchmal gefragt, was sich oben auf der Hafenmauer abgespielt hat. Wie lange es gedauert hat, bis den anderen auffiel, dass ich nicht mehr auftauche. Ob sie nach ihrem anfänglichen Johlen und Rufen wieder zu schwatzen anfingen, ob sie nach soundsovielen Sekunden verstummten, die Wasseroberfläche mit den Blicken abzusuchen begannen. Wir haben hinterher nie darüber gesprochen; es hätte uns überfordert, die Gefahr war zu groß, zu nah.

Ich schlage um mich in meiner Tiefe, weit unter ihnen. Ich kämpfe mich in eine Richtung, in der ich die Oberfläche vermute, dann in eine andere. Wenn man an diesem Punkt angelangt ist, brennt die Lunge, der Puls rast, das Herz schlägt Alarm, ein fiebriges Pizzicato, als müsste man selbst auf das eigene Sterben noch aufmerksam gemacht werden. Man will dringend husten, aber man weiß, es geht nicht, man darf es nicht. Die Gedanken haben nur eine Botschaft: Du schaffst das, du schaffst das, du schaffst das. Und dann: Das war's jetzt, das war's, das war's.

Fast gestorben zu sein ist nichts Einmaliges oder Besonderes. Der Tod begegnet uns ständig; wohl jeder, wage ich zu vermuten, war ihm schon einmal nahe, vielleicht ohne es zu merken. Der Luftzug des Lasters, der zu dicht an einem Fahrrad vorbeifegt, der übermüdete Arzt, der die Dosis in letzter Sekunde noch einmal überprüft, der angetrunkene Fahrer, der sich dann doch überreden lässt, die Autoschlüssel abzugeben, der Zug, den man verpasst, weil der Wecker nicht geklingelt hat, der Flieger, der ohne uns abfliegt, das

Virus, das wir nicht einatmen, der Angreifer, dem wir nicht begegnen, der Weg, den wir nicht einschlagen. Wir gehen, alle miteinander, mehr oder weniger blind durchs Leben, entkommen, ohne es zu ahnen, immer wieder durch die Hintertür, entrinnen unserem Schicksal von einem unserer gezählten Tage auf den anderen und sehen die Axt nicht, die über uns schwebt. Thomas Hardy lässt seine Tess darüber nachsinnen, »dass es ja noch ein anderes Datum gab [...] den Tag ihres eigenen Todes [...] ein Tag, der still und unbemerkt zwischen all den anderen Tagen des Jahres lag und der kein Zeichen gab, keinen Laut, wenn sie jährlich über ihn hinwegging, der aber darum nicht weniger gewiss vorhanden war. Welcher Tag war es?«

Wenn wir diese Momente in unser Bewusstsein einlassen, dann verändern sie uns. Wir können versuchen, sie zu vergessen, sie abzutun, sie auf die leichte Schulter zu nehmen, aber sie sind schon Teil von uns, ob wir wollen oder nicht. Sie schlagen Wurzeln in uns, verwachsen mit dem Gewebe, wie ein Herzstent oder eine Platte, die einen gebrochenen Knochen fixiert.

Unlängst habe ich alte Pappkartons und Ordner nach ein paar Faxen aus den Neunzigerjahren durchsucht. Ich stieß auf eine Unzahl anderer Dinge: Fotos von Leuten, die ich so gut wie vergessen hatte, Geburtstagsgrüße, Valentinsherzen, eingerissene Kinokarten, Zugfahrscheine, Faltblätter zu Ausstellungen, Stadtpläne von Städten, in die ich einmal gereist war. Und auf den Brief eines Jungen, der an dem Abend damals mit mir am Hafen war.

Der Brief war an meine College-Anschrift adressiert. Er und ich studierten mittlerweile an entgegengesetzten Enden des Landes, und die Schulzeit schien endlos weit weg. Er schrieb in geschwungener schwarzer Kugelschreiberschrift, wie unglücklich er in der Schule meinetwegen gewesen sei: Ich hätte mich nie zu ihm bekannt, nie diesen entscheidenden Schritt getan, sei ihm immer ausgewichen. Wir haben uns so gut verstanden, schrieb er, woran lag es? Woran lag es, dass du keine Beziehung mit mir wolltest?

Ich erinnerte mich wieder daran, wie ich den Brief bekommen und sofort gelesen hatte, auf dem Weg zu einem Seminar, meine Bücher und Aufzeichnungen hinten im Fahrradkorb. Ich hatte ihm ein paar Wochen später zurückgeschrieben, es tue mir leid, mehr als leid, dass er meinetwegen gelitten habe. Ich hatte keine Ahnung, schrieb ich, dass du so für mich empfunden hast.

Das war natürlich nur halb wahr. Ich muss es gewusst haben, schon bevor der Brief kam, und auch, als ich darauf antwortete, mit meinem Block an meinem Schreibtisch sitzend, der übersät war mit meinen Vorlesungsnotizen, meinen Bibliotheksbüchern, den angefangenen Seminararbeiten.

Es ist dieser Junge, der mir nachspringt. Ich bin nach wie vor unter Wasser, und meine Muskeln erlahmen, meine Gedanken treiben davon. Der Junge ist leidenschaftlicher Wasserskifahrer, Kajakfahrer, Segler; er verbringt fast seine ganze Freizeit im oder auf dem Meer. Im Badezimmer bei ihm zu Hause baumeln die tropfenden, sandigen Neoprenanzüge von der Duschstange wie Erhängte. Er hat Meisterschaften gewonnen, er gehört zu den Jugendlichen, die in aller Herrgottsfrühe aufstehen und in der chlorigen Bläue eines Hallenbads zahllose Bahnen schwimmen. Er fährt an den Wochenenden zu Veranstaltungen, die sich »Schwimmfeste« nennen, und heimst dort Pokale ein.

Er ist es, der die ablaufende Flut in den Blick nimmt, abzuschätzen versucht, wohin sie mich gezogen hat, hineinspringt, wieder hochkommt, erneut taucht, erneut hochkommt, zum dritten Mal taucht, mich zu fassen bekommt und unter den Armen packt, unterm Kinn. Er ist es, dessen Beine strampeln und immer weiterstrampeln, bis wir die Oberfläche erreicht haben. Er ist es, der mich eine bescheuerte Irre nennt, als er endlich mit mir aus dem Wasser taumelt, die Arme so fest um mich geschlungen, dass ich die Luft, die mich plötzlich wieder umgibt, kaum einatmen kann, und sein Gesicht, während er mich beschimpft, ist wütend und verängstigt und noch etwas anderes.

Ich schreibe dies und spüre dabei wieder die schwarzen Wellen, ihre teerige Zähheit, diesen heimlichen, unsichtbaren Sog. Ich denke an seinen verzweifelten Klammergriff. Es war nicht zu verkennen, was ihn in das eiskalte Wasser getrieben hatte, um mich der Meerestiefe zu entreißen. Es gab einen Grund, warum er mir nachgesprungen war und nicht einer von den anderen. Ich wusste es, auch als Sechzehnjährige schon. Natürlich wusste ich es. Es war mit Händen greifbar, als wir danach heimgingen, er mehrere Schritte hinter mir, wir beide schlotternd und nass, barfuß und streitend. Ich spürte es an seinem Zorn, dem Ton, in dem er mir vorhielt, was alles hätte passieren können – dass die Gezeitenströme unterhalb der Wasseroberfläche verlaufen, dass sie mich hätten hinaustragen können ins offene Meer, dass ich nie wieder so dumm sein durfte. Ich sah es an der Art, wie er mir nachblickte, als ich den Weg zu meiner Tür entlangging, mich ihm einfach entzog und wortlos im Haus verschwand.

Ich hätte ihm sagen sollen: Du hast recht, es war idiotisch von mir. Ich hätte sagen sollen: Aber weißt du, ich habe diesen Freiheitsdrang in mir, diesen Drang auszubrechen. Es ist ein Zwang, der so stark ist, so unbändig, dass er alles andere überwiegt. Ich halte mein Leben nicht aus. Ich halte es nicht aus, hier zu sein, jetzt, in dieser Stadt, in dieser Schule. Ich muss raus hier. Ich muss schuften wie eine Blöde, damit ich von hier wegkomme, und erst dann kann ich mir ein Leben schaffen, das erträglich für mich ist. Mag sein, dass ich launisch und flatterhaft wirke, weil ich mich dir den einen Tag öffne und mich am nächsten zurückziehe, aber verstehst du, ich brauche meine ganze Kraft für meinen Weg in die Freiheit, und nichts darf mir dabei in die Quere kommen. Es darf nichts und niemanden geben, der mich bremst, mich ablenkt, mir Fesseln anlegt. Und ich hätte sagen sollen: Ich danke dir.

Danke. Danke.

Rückgrat, Beine, Becken, Bauch, Kopf

1977

Als Kind war ich die Ausbrecherkönigin. Bei jeder nur möglichen Gelegenheit entwischte ich, rückte aus, brannte durch, haute ab. Schön ordentlich an der Hand zu gehen, festgehalten zu werden, gezügelt – das war nichts für mich. Ich riss mich los, wand mich frei. Ich wollte laufen, das Rauschen der Luft spüren, während die Straße, der Garten, der Park, die Wiese an mir vorbeiflogen. Ich wollte wissen, was als Nächstes kam, wie es hinter der Ecke, hinter der Wegbiegung aussah. Das ist heute noch so.

Ich war vier oder fünf, als ich zum ersten Mal verloren ging, wie meine Mutter es von Anfang an prophezeit hatte: die logische Folge meines Ausbüxens und Davonflitzens. Wir hatten einen Gottesdienst in einem Kirchlein auf einer ansonsten unbewohnten Insel besucht, zu der man von der Grafschaft Mayo aus übersetzte, und ich war hinter den anderen zurückgeblieben und im Zickzack gerannt, bis ich mich plötzlich allein fand. Beängstigend, unerklärlich, atemberaubend allein, ein Kind auf einem Feldweg irgendwo auf einer einsamen Insel.

Ich wanderte herum, hingerissen von dieser jähen Wendung der Dinge, überzeugt, dass meine Familie die Rückfahrt zum Festland ohne mich angetreten hatte und ich nun auf mich gestellt war auf diesem windgebeutelten Streifen Land. Die Welt kam plötzlich zur Ruhe; niemand verlangte mehr etwas von mir. Unbehelligt stand ich da, in der Stille meiner eigenen Haut.

Das Knirschen meiner Sandalen auf dem Kies und Sand, das Wehklagen der Möwen, das Flüstern des Windes in den Schlehdornsträuchern am Wegrand. Wo würde ich schlafen? Was würde ich essen? Wer würde mir sagen, wann ich ins Bett gehen musste? Dann fanden mich ein paar fremde Frauen mit Kopftüchern, die mir Kekse zu essen gaben und mich zurück zum Anleger brachten, wo die Fähre – und meine Familie – wartete.

Nicht lange darauf lief ich von zu Hause weg. Es war ein Schritt, den ich gründlich durchdacht hatte: wohin ich gehen würde (in ein Wäldchen auf einem Hügel ein Stück entfernt, das ich vom Dachbodenfenster aus erspäht hatte), was ich mitnehmen würde (Bücher, belegte Brote, die Katze), wie ich an Geld kommen würde (ich musste stehlen, was bedauerlich war, aber nicht zu ändern). Ein Streit bei einem Spiel, ein Essen, das ich nicht mochte, ein Kleidungsstück, das ich partout nicht anziehen wollte – den konkreten Auslöser weiß ich nicht mehr, aber ich sehe mich noch zu dem Schrank unter der Treppe stürmen, meinen Dufflecoat von seinem Messinghaken zerren, die Hände durch die steifen Wollärmel stoßen und in finsterer Entschlossenheit einen braunen Knebelknopf nach dem anderen durch seine Schlaufe schieben. Das war's, dachte ich, ich gehe.

Ich stemmte die Tür mit ihrem schlierigen Unterwasserglas auf, durch das ich den ersten Blick auf meine kleine Schwester erhascht hatte, als sie auf dem Arm meiner Mutter den Gartenweg heraufgetragen wurde – ein schwebendes weißes Oval mit feuerrotem Deckel, das sich, je näher sie dem Haus kamen, schrittweise als rothaariges Baby entpuppte. Ich trat durch diese Tür, warf sie mit einem befriedigenden Knall hinter mir zu und zog los, den Plattenweg hinunter, vorbei an der doppelstämmigen Stechpalme mit ihren roten Beerentrauben und weißlich gezackten Blättern, durch das klapprige weiße Tor und hinaus auf den Gehsteig, wo mich meine verschrammten Schnallenschuhe – immer verschrammt, sooft meine Mutter auch mit einem alten Stück Cordjacke daran herumputzte – die Straße entlangtrugen, an den Steingärten und Wohnwägen der Nachbarn vorüber, ihren Hunden, die am Randstein dösten.

Ich kam bis zur Kreuzung, wo meine freie Welt endete; bis dahin durfte ich allein, aber nicht weiter. Gelegentlich fingen wir hier meinen Vater auf seinem Heimweg von der Arbeit ab, wenn es etwas Bedeutsames zu vermelden gab, den Tod eines Goldfisches, die Ankunft eines Besuchs, die Aufregung, als meine Schwester einmal vom Sofa sprang, sich die Nase an der Schrankkante anschlug und im Krankenhaus genäht werden musste (die Narbe trägt sie bis heute).

Ich zögerte dort, beobachtete die vorbeifahrenden Autos, im Widerstreit mit mir selbst, ob die Tatsache meines Davonlaufens auch das strikte Verbot außer Kraft setzte, je diese Kreuzung zu überqueren, als meine Mutter mich einholte. Sie war in der Schürze aus dem Haus gerannt, und sie schien außer sich. Ich sah sie auf mich zustürzen und dachte im ersten Moment, sie sei wütend; ich komme in Teufels Küche, dachte ich. Aber sie schlang beide Arme um mich und murmelte in mein Haar: »Bleib bei uns, hmm?«

An diesen Moment werde ich denken, als ich mich fast zwei Jahrzehnte später von ihr verabschiede, um nach Hongkong zu fahren. Wir warten am Bahnsteig unseres Provinzbahnhofs, mein Rucksack steht zu meinen Füßen, und aus dem Tunnel rollt der Zug. Ich werde einsteigen, und ich werde lange, lange nicht zurückkommen. Sie sagt mir nicht, ich soll bleiben, aber der Griff ihrer Finger um meine Schultern ist der gleiche wie damals: bang, beschwörend, beschwert von dem Wissen, dass ich von klein auf fortwollte; der Wunsch ist nichts Neues, das ist uns beiden klar.

Ich muss, das begreife ich im Rückblick, sie als Kind in den Wahnsinn getrieben haben mit meinem Trotz, meiner Wildheit, meinem irrationalen Aufbegehren, meinem Freiheitsdrang, diesem unentwegten Pochen auf meiner Selbstständigkeit. »Dich großzuziehen«, sagt sie heute gern mit einem Seufzer, »war ein Albtraum.« Das glaube ich ihr aufs Wort. Fotos von mir zeigen ein linkisches, unbeholfenes Kind mit übergroßer Nase, schiefen Zähnen und einem hitzigen, aber argwöhnischen Ausdruck im Gesicht: ein missglücktes Abbild meiner hübscheren, ausgeglicheneren großen Schwester. Ich war aufsässig. Ich neigte zu Schreianfällen, Verzweiflungsausbrüchen, emotionalen Achterbahnfahrten. »Ist sie immer noch so schwierig?«, erkundigten sich die Verwandten vorsichtig. Eine halbe Stunde mit mir reichte, dann hatten sie ihre Antwort.

»Provoziert sie nicht«, sagten meine Eltern warnend zu meinen Schwestern und zu mir: »Du musst endlich lernen, dich zu beherrschen.«

Ich versuchte es. Ich versuchte es ernsthaft. Ich weiß noch, wie ich mir befahl: Du darfst nicht ausrasten, du musst vor allen Dingen ruhig bleiben. Ich stellte mich vor den Spiegel, setzte ein sanftes Lächeln auf und sprach mir das Wort »wohlgeraten« vor. Vermutlich hatte ich es irgendwo gelesen. Das war das, was ich sein wollte, was von mir erwartet wurde, was nette Kinder waren: wohlgeraten. Aber dann sollte ich einen bestimmten Pullover anziehen, der von einem widerwärtigen Senfgelb war und am Hals auf unerträgliche Weise juckte und kratzte, und zum Abendessen gab es schon wieder Dampfkartoffeln, die ich so verabscheute mit ihren schwammigen Rändern und der mehligen Härte im Innern. Ein Glas Milch wartete neben meinem Gedeck, und mir grauste es vor dem Trinken, grauste es vor dem unheilvollen seidigen Belag, den die Milch in meinem Rachen hinterließ, vor den gelbstichigen Sahneklümpchen an der Oberfläche, den schillernden Bläschen am Rand. All das jagte mir durchs Hirn, und dann kam irgendetwas, etwas Kleines, Harmloses – eine Bemerkung oder ein Blick von meiner Schwester, ein Fuß, der gegen mein Bein wippte, wenn ich gerade lesen wollte, ein

Blatt mit Matheaufgaben, die mich endlos und unbezwingbar angähnten –, und schon war es passiert. Ein Gefühl, als würde irgendwo in meiner Brust etwas aufplatzen, dann ein Schwall Hitze, der mir in den Kopf schoss, ein jäher Wutschrei, ein Aufstampfen vielleicht. Beherrschung verloren. Schlecht geraten, durch und durch schlecht.

Meine Mutter hatte damals ihre eigene Art, ihrer Frustration über mich Luft zu machen. Ob wir am Esstisch saßen oder vor meinem Kleiderschrank standen, ob im Bad, ob neben der Autotür – wann immer wir aneinandergerieten, murmelte sie in sich hinein: »Wenn *du* mal einfache Kinder kriegst, dann gibt es keine Gerechtigkeit auf der Welt.«

In der Welt geht es offenbar gerechter zu, als man denkt, denn mein drittes Kind, ein Mädchen mit nicht zu bändigenden Locken, ist eine genauso heillose Ausreißerin wie ich damals. Kaum lässt man sie aus dem Auto, dem Kinderwagen, der Tür, saust sie auch schon los, so flink, dass ihre Füße kaum den Boden berühren, mit wehenden Löckchen, ohne einen Blick zurück. Ich habe zahllose Fotos, die sie in Bewegung zeigen, weit voraus, ein bunter Klecks auf einem schmalen Pfad, ein verwischtes Etwas auf dem Gehsteig, eine kleine, mit dem Fluchtpunkt verschmelzende Gestalt. »Ich will rennen«, war einer der ersten Sätze, den sie flehentlich aus der Beengung ihres Kinderwagens sprach.

Als sie vierzehn Monate alt war und es keinen Zweifel mehr gab, dass dieses Gen unumstößlich in ihre Doppelhelix eingewunden war, ging ich mit ihr auf den Gehsteig vor unserem Haus.

»Da«, sagte ich und zeigte auf die Bordsteinkante. »Da

gehst du nie runter. Verstehst du? Nie. Da machen deine Füße stopp.«

Ihre grünbraunen Augen starrten fasziniert in meine. »Füße«, wiederholte sie das einzige Wort, das ihr etwas sagte.

Ich zeigte wieder auf die Bordsteinkante. »Füße«, sagte ich. »Stopp.«

»Füße stopp.«

Ich lächelte sie an und nickte. »Also gut«, sagte ich, »probieren wir's aus.«

Ich ließ ihre Hand los.

Mich hätte der Tod um ein Haar auf der Hauptstraße einer Stadt in den Brecon Beacons in Südwales ereilt. War das in Abergavenny, Crickhowell, Llandeilo? Genau weiß ich es nicht mehr.

Es war in etwa um die Zeit, als ich in Irland verloren ging. Ich erinnere mich dunkel, dass ich dasselbe Oberteil trug, ein gestreiftes Nylon-T-Shirt mit einem Reißverschluss, den ich mit den Zähnen hochrucken konnte. Die Straße säumte eine Kette von Geschäften – eine Metzgerei, eine Kneipe, eine Teestube, eine einzelne Zapfsäule. Ich wartete neben unserem Auto, einem roten Renault, unter dessen Sitzen sich die Stoffwindeln meiner Schwester stapelten, und mein Vater hielt mich an der Hand.

Es muss ein böiger Tag gewesen sein – waren wir sehr hoch oben in diesen Sandsteinbergen? –, denn ich höre noch das Rascheln meines zu der Zeit noch blonden Haars dicht an meiner Ohrmuschel.

Aus dem Augenwinkel erspähte ich auf der anderen Straßenseite meine Mutter mit meinen Schwestern. Sie war in einem der Läden gewesen, um unser Abendessen zu kaufen oder etwas Süßes, eine Rolle Bonbons, eine Packung Kekse. Und ich tat, was ich immer tat, wogegen ich einfach nicht ankonnte: Ich riss mich von meinem Vater los und rannte auf meine Mutter und meine Schwestern zu, nur dass zwischen uns, unter den Sohlen meiner Sandalen, diesmal die Straße verlief.

Ich sah den entgeisterten Blick meiner Mutter, noch ehe ich das Auto wahrnahm. Ich hörte sie aufschreien, ich hörte meinen Vater rufen. Das löste Panik in mir aus, ein Schrillen wie von einem Wecker. Irgendetwas hatte ich gemacht, irgendeinen unverzeihlichen Fehler, und dann ertönte Bremsenknirschen, ein Kreischen von Reifen auf Asphalt, ein lauter Ausruf, wahrscheinlich ein Kraftausdruck.

Das Auto war blau, mit einer silbrigen, rostzerfressenen Stoßstange. Die Farben sind in meine Netzhaut eingebrannt: das Blau, das Silber, das Rötlichbraun. Beide wichen wir zur Seite aus, und ich fühlte das körnige Chrom der Stoßstange an der Rückseite meines Oberschenkels entlangratschen.

Ich blieb nicht stehen, das weiß ich. Meine Füße sprinteten einfach weiter, trugen mich voran durch die Bergluft, als könnte mir nichts zustoßen, nichts mir etwas anhaben, wenn ich nur immerzu in Bewegung blieb, wenn ich nur rannte, rannte, rannte.

Ganzer Körper

1993

Die Kabinenbeleuchtung ist gedimmt, die Motoren brummen stetig. Alles um mich herum schläft; über den Schoß einer Frau auf der anderen Gangseite liegen zwei Kinder hingegossen, das Pärchen hinter mir lehnt Kopf an Halsbeuge, beide mit offenem Mund. Wir sind hoch über dem Pazifik, in diesem Nirgendwo in der Mitte eines Langstreckenflugs, wo Größen wie Zeitgefühl, Privatsphäre, Hunger ihre Bedeutung verlieren und die Stunden ineinanderklumpen und zerfließen.

Das Flugzeug ist voll graugewandeter Nonnen und Priester mit verklärtem Blick und vernünftigen Schuhen. Nach der Zwischenlandung in Hongkong geht dieser Flug weiter nach Manila, und die gesamte religiöse Gemeinde der Philippinen, so scheint es, ist auf der Rückreise von London.

Neben mir schläft ein ältlicher Priester im weißen und goldenen Ornat. Seine Brille rutscht ihm immer wieder auf die Nasenspitze hinunter. In regelmäßigen Abständen weckt er mich durch ein Tippen auf den Arm, damit ich aufstehe und ihn zur Toilette lasse. Sein Rosenkranz baumelt über uns vom Garderobenhaken.

Und so sitze ich wach in dieser Nacht, erst schwitzend und dann fröstelnd, und frage mich, was ich da eigentlich tue, was ich überhaupt hier will.

Auf meinen Knien liegt die zerlesene Ausgabe eines tschechischen Romans, den mir ein Freund zum Abschied in die Hand gedrückt hat, zusammen mit einem winzigen Päckchen mit einem Kompass darin, weil es, wie er in der Karte dazu schreibt, wichtig ist, dass ich »wieder zurückfinde«.

Ich habe mich in das falsche Leben verirrt, fürchte ich. Ich bin vom Kurs abgekommen. Ich trudle durchs All, in mehr als nur einer Hinsicht. Ich habe dem Leben, das ich führen sollte, den Rücken gekehrt, und stattdessen sitze ich hier, unterwegs nach Hongkong, einer Stadt, in der ich weder Arbeit noch Perspektiven habe und in der ich nur einen einzigen Menschen kenne.

Dieses Durchqueren von Zeitzone um Zeitzone kann eine beunruhigende, verzerrte Klarheit mit sich bringen. Ist es die Höhe, die ungewohnte Untätigkeit, die räumliche Enge, die Übermüdung oder alles zusammen? In einer Kapsel so rasend schnell dahinzureisen, Tausende von Fuß überm Boden, verändert das Bewusstsein. Dinge, die immer schwammig waren, rücken plötzlich scharf ins Bild, wie vom Objektiv einer Kamera herangeholt. Unversehens präsentiert uns das Hirn Antworten auf Fragen, die uns lange vor Rätsel gestellt haben. Während wir hinausschauen auf die illusorische Landschaft der Wolkengebirge, ertappen wir uns jählings bei dem Gedanken: Ach, natürlich, jetzt verstehe ich das.

Ich habe den Kompass in einer Hand und einen Stadtplan von Hongkong in der anderen – ein unbegreifliches, schwindelerregendes Gewirr von Straßen, Hügeln, Tunneln, Inseln und Häfen, übersät mit chinesischen Schriftzeichen. Der Abschied von meinem Freund – gestern, heute, vorgestern? –, dieser physische Akt des Weggehens hat etwas in mir losgehakt, fast als hielte mein Freund das Ende eines Bandes in Händen, das sich nun immer weiter abspult, sich zwischen mir und allem spannt, was ich zurücklasse. Wie weit reicht es? Wird es reißen? Und werde ich es je wieder aufwickeln können?

Die Frage kommt schleichend von hinten heran und legt sich um mich wie ein Nebel, während das Flugzeug unerbittlich weiterfliegt: Warum bin ich gegangen? Wie komme ich dazu fortzugehen? Beim Studium saß ich diesem Mann fast täglich in der Bibliothek gegenüber, und wir haben gemeinsam für die Abschlussprüfung gelernt. Wir haben uns unterm Tisch mit dem Fuß angestupst, sacht, beharrlich, wenn wir den anderen abschweifen sahen. Er hat wortlos die Schüttelbewegung imitiert, mit der ich meine verkrampfte Hand lockerte. Er hat darauf geachtet, dass ich mittags etwas aß. Als ich ihm erzählte, dass ich Schriftstellerin werden will, hat er nicht gelacht, sondern den Kopf schräg gelegt, auf eine ernsthafte, nachdenkliche Art, wie um diese Idee ihren Platz in seinem Hirn finden zu lassen.

Aber irgendwie hat es mich in dieses Flugzeug verschlagen, mit dem ich zu einem anderen Mann fliege. Ich habe, im Klartext, keine Ahnung, was mich treibt. Eigentlich – so empfinde ich es – sollte ich in diesen Minuten eine Wohnung in Cambridge beziehen. Ich sollte die Kette an meinem Fahrrad ölen. Ich sollte mit Büchern und Zeitschriften im Arm die Treppe zur Universitätsbibliothek hinaufsteigen. Ich sollte meine Doktorarbeit schreiben. Ich sollte an meinem gewohnten Platz sitzen, meinem Freund gegenüber, der gerade mit der Promotion beginnt, allein, ohne mich.

Stattdessen bin ich auf dem Weg nach Hongkong, weil vor vier Monaten an der Pinnwand, an der die Abschlussnoten aushingen, hinter meinem Namen statt der Note, auf die ich gehofft hatte, der Note, die mir mein Promotionsstipendium sichern sollte, der Note, die ich mir gewünscht und für die ich geackert hatte, eine Note stand, die nicht ausreichte. Bei Weitem nicht. Etwas, wurde mir klar, als ich mich von der Pinnwand abwandte, als ich die Stufen hinunterwankte und auf mein Fahrrad stieg, ohne auf die Rufe der anderen zu achten, war schiefgegangen, katastrophal schief.

Also bin ich jetzt hier. Aus mir wird keine Literaturwissenschaftlerin werden, ich werde nicht in Cambridge bleiben, ich werde meinen Freund auf lange Zeit nicht mehr sehen. Ich werde nicht über die nur scheinbar marginale Rolle der Frau in der Dichtung des Mittelalters promovieren.

Meine Doktorarbeit, die darlegen sollte, dass der anonyme Dichter von *Sir Gawain and the Green Knight* in Wirklichkeit eine Frau war, wird ungeschrieben bleiben. Seit

Monaten schon, seit ich meine Pläne begraben musste, blitzen immer wieder, wie aus dem Augenwinkel erspäht, Einzelheiten aus dem Gedicht in mir auf, und ich muss mich abwenden, weil ihr Verlust mich zu bitter trifft. Das Festmahl, in das der beklemmend höfliche Riese platzt. Die genussvolle Detailliertheit, mit der die Dichterin – ich war mir so sicher, dass es eine Dichterin sein muss – seine Statur schildert: *For of bak and of brest al were his bodi sturne / Bot his wombe and his wast were worthily smale.* (Denn an Rücken und Brust war sein Körper gewaltig / Doch um Hüften und Mitte herum kleidsam schlank.) Ihr Schwelgen in Farben und Formen, Mustern und Stoffen, das Geschick, mit dem sie den Leser, einer Zauberin gleich, von dem eigentlichen Rätsel ablenkt, indem sie ein Aufgebot stattlicher Männer mitsamt ihrer Kleidung, ihren Rüstungen, Bärten und ihren fast lächerlich anmutenden Kämpfen antreten lässt. Die reizvollen, so modern wirkenden Tempuswechsel mitten in der Strophe. Und der tölpelhafte Gawain, der gar nicht begreift, worauf er sich einlässt, der die alte Frau im Schloss übersieht und bis zum Schluss nicht ahnt, was es mit dem verwirrenden Netz, das da um ihn gesponnen wird, auf sich hat.

All das ist mir nun genommen. Ich muss mich lossagen davon – und von ihr. Meine Verbindung mit ihr, durch die Worte des Gedichts, hat mir viel bedeutet. Ich habe daraus Kraft geschöpft. Es war, als hätte ich durch die Zeit und die Seiten des Buchs hindurchgegriffen und ihre Hand zu fassen bekommen. Aber ich muss sie loslassen. Ich werde das Buch viele Jahre lang nicht mehr lesen.

Für die Einundzwanzigjährige, die hier über den Pazifischen Ozean fliegt, ist das ein Gefühl, als wäre ihr ein lebenswichtiges Organ – ein Herz, ein Lungenflügel, eine Arterie – aus dem Körper gerissen worden.

Ein Jahr später schon werde ich begreifen, dass mein versiebtes Examen nicht die Tragödie war, für die ich es im ersten Moment hielt; noch ein paar Jahre mehr, und ich werde zu dem Schluss kommen, dass es Rettung in letzter Minute war. Dass mein Schutzengel, als er von seiner Wolke herabschaute und mich zur Prüfung radeln sah, ahnte, was passieren würde, und mir eine Handvoll hochwirksamen himmlischen Sands ins Getriebe streute.

Die Wahrheit ist, dass ich eine miserable Literaturwissenschaftlerin abgegeben hätte; ich bin zu unstet, zu sprunghaft, zu ungeduldig. Wenn mein Preislied auf die Dichterin des *Gawain* einmal geschrieben gewesen wäre, hätte ich für den Rest meiner Tage in irgendeiner Bibliothek todunglücklich alte Manuskripte gewälzt. Die Wolkigkeit des Mittelenglischen hätte mich rasend gemacht. Und für die Lehre hätte ich genauso wenig getaugt. Ich komme leicht ins Stottern – wie um alles in der Welt hätte ich da Seminare halten sollen? Was hat mich je zu dem Glauben veranlasst, im Hörsaal stehen zu können? Ich wäre schon nach ein, zwei Monaten irr geworden vor Langeweile und Wut und Frust und wahrscheinlich aus Cambridge geflohen, um irgendetwas anderes zu machen. Vielleicht wäre ich so oder so in Hongkong gelandet.

Das alles weiß ich im Flugzeug natürlich noch nicht. Ich

bin noch wie versteinert vor Panik und Kummer, gelähmt vom Verlust jener Fähigkeit, die mir meine Identität so maßgeblich auszumachen schien. Meine Noten, die Gabe, sie aus dem Hut zu zaubern, waren das Einzige, was ich vorweisen konnte. Ich war nicht charmant oder gefällig und würde es auch nie sein. Ich hatte komisches, widerspenstiges Haar, ich war mit einem Sprachfehler und absonderlichen neurologischen Problemen behaftet, aber diesen einen Trick, dieses eine Kunststück hatte ich seit meinem elften oder zwölften Lebensjahr drauf: Ich bekam den Stoff vorgesetzt, ich lernte ihn auswendig (diszipliniert, sehr diszipliniert, mit Zeitplänen und Übungsklausuren, mit Weckern, die ich mir stellte, mit Aufzeichnungen und Leuchtstiften und Karteikarten), und dann gab ich ihn bei der Prüfung wieder. Und schon – Simsalabim! – erhielt ich ein schimmernd weißes Stück Papier, auf dem stand, dass ich aufs nächste Feld vorrücken durfte, dass ich zweihundert Pfund gewonnen hatte, eine Carte blanche für jede Situation.

Jahrelang hatte sie gewirkt, diese Formel. Sie hatte mich durch zwei Gesamtschulen gebracht (die eine bedrohlich und verwirrend, die andere nicht ganz so) und weiter nach Cambridge, durch mein erstes und mein zweites Jahr dort, um mich dann, in meinem dritten und letzten, alles entscheidenden Jahr, plötzlich im Stich zu lassen. Der Zauber hatte seine Kraft verloren.

Hätte ich nur damals, mit einundzwanzig, als ich von der Pinnwand mit den Prüfungsergebnissen wegradelte zu der Wiese am Fluss, wo ich Steine ins Wasser schmiss und weinte – hätte ich nur damals schon gewusst, dass kein

Mensch einen je nach der Abschlussnote fragt. Dass sie in dem Moment nicht mehr zählt, in dem man die Universität verlässt. Dass die Dinge im Leben, die nicht nach Plan laufen, auf lange Sicht meist wichtiger und prägender sind als die Dinge, die glattgehen.

Man muss das Unerwartete erwarten und mit offenen Armen empfangen. Der beste Weg, diese Lektion lernt man erst mit der Zeit, ist nicht immer der einfache.

Ich bin also unterwegs nach Hongkong. Weil ich einen Tapetenwechsel brauche. Weil ich keine Fremdsprachen spreche außer ein stockendes Deutsch *(Ich habe alle meine Hausaufgaben gemacht)*. Weil in Großbritannien Rezession herrscht und es keine Stellen gibt, schon gar nicht für Anglisten mit mittelprächtigem Abschluss. Weil Anton, der seit einer Weile in Hongkong ist, mir geschrieben hat, ich soll auch kommen, ich werde problemlos einen Job finden, und wohnen kann ich bei ihm. Weil mir nichts Besseres eingefallen ist. Weil es mit einundzwanzig ohne Weiteres möglich scheint, ohne Geld, nur mit einem Rucksack und der Aussicht auf einen Schlafplatz, auf die andere Seite der Welt zu reisen. Wieso auch nicht? Was habe ich schon zu verlieren?

Es passiert ohne Vorwarnung – ein dumpfes Klacken und dann das Gefühl, als strömte ein kalter Wind durch die Kabine.

Plötzlich fällt das Flugzeug, sackt senkrecht in die Tiefe wie ein über den Felsrand geworfener Stein. Der Abwärtssog ist verblüffend, das Sausen, die schiere Rasanz. Wie die übelste Achterbahn der Welt fühlt es sich an, wie ein Sturz ins Nichts, wie eine Hand, die dich an den Knöcheln in den bodenlosen Rachen der Unterwelt zerrt. Meine Ohren, mein Gesicht treiben Blüten aus Schmerz, der Gurt sägt mir in die Schenkel, so gewaltsam reißt es meinen Körper nach oben.

Rings um mich wird die Kabine geschüttelt wie eine Schneekugel; Handtaschen, Saftdosen, Äpfel, Schuhe, Pullover heben vom Boden ab. Sauerstoffmasken schwingen von der Decke wie Lianen, Menschen fliegen durch die Luft. Ich sehe das Kind von der anderen Gangseite mit den Füßen voran gegen das Gepäckfach prallen, während seine Mutter in die andere Richtung davonsegelt, ihr schwarzes Haar ausgebreitet wie ein Fächer, ihr Gesicht eher entrüstet als verängstigt. Der Priester neben mir wird aus seinem Sitz geschleudert, hinauf zu dem schwingenden Rosenkranz. Zwei Nonnen, ihre Schleier gebläht, wirbeln wie Stoffpuppen zu den Deckenlichtern empor.

Schreie gellen, Flüche, Gebete. Ein Mann, dem aus beiden Nasenlöchern das Blut läuft, brüllt wild gestikulierend in einer Sprache, die ich nicht verstehe. Blutstropfen spritzen von seinem Gesicht über die Sitze.

Das Flugzeug fällt immer noch. Eine Stewardess kriecht den Gang entlang. Sie wimmert, ihr Hütchen ist verrutscht, das Haar hängt ihr über die Schultern. Ein anderes Besatzungsmitglied, ein Mann, der sich in die Gegenrichtung tastet, stolpert blind über sie. Er ruft etwas von Masken, dass wir die Masken aufsetzen sollen, aber es katapultiert ihn in die Höhe, bevor jemand ihn hören kann.

Was mich erfüllt, ist nicht so sehr Ruhe wie eine stumpfe Resignation. Ich denke: Auch das noch. Ich denke: Das sieht nicht gut aus. Ich denke: Wir sterben, alle miteinander, jetzt sofort. Wir schlagen mit voller Wucht auf dem Ozean oder der Erde auf und explodieren wie Cola-Dosen. Und dann ist Schicht im Schacht. Alles vorbei.

Dass ich allein für mich bin, hat etwas seltsam Befreiendes. Ich schaue auf die Leute rundum, wie sie sich an ihre Mitreisenden klammern, ihre Angehörigen, wie sie weinen, schreien, sich festkrallen. Ich halte meine Armlehnen umfasst und sage mir: Gleich ist es so weit. Vor meinen Augen flackern nicht die Bilder meines Lebens vorbei. Keine Endabrechnung, keine schlagartige Erkenntnis, keine letzten Wünsche oder Bitten oder Gebete. Ich denke nicht an all die anderen Male, die ich diesem Schicksal schon eine Nase gedreht, mich unter seiner Hand weggeduckt habe. Ich bin vollauf gefordert, abgelenkt, vereinnahmt vom Andrang des Physischen, von dem ohrenbetäubenden Dröhnen des Flugzeugs, der Panik der Passagiere, dem zehrenden Sog unseres Sturzes, der Vorwegnahme des unausweichlichen Aufpralls.

Irgendwann muss der Priester meinen Arm gepackt haben, denn als wir aufhören zu fallen, als das Flugzeug auf einen Widerstand zu treffen scheint, wirft es uns alle noch einmal mit Macht in die Höhe, ehe die Maschine sich schließlich fängt, und da spüre ich den Druck seiner Finger an meinem Ellbogen, seine Rosenkranzperlen, die sich mir ins Fleisch graben. Einen oder zwei Tage später wird Anton mich fragen, woher diese sonderbaren Abdrücke an meinem Arm kommen, und ich werde hinschauen und sie sehen, eine Novene aus Blutergüssen.

Bei der Landung in Hongkong werden die meisten Passagiere ins Krankenhaus gebracht, auch mein Priester. Ich trage ihm seine Tasche bis zur Tür des Krankenwagens. Zum Abschied legt er mir die Hand auf den Kopf und murmelt einen lateinischen Segensspruch. Obwohl ich längst nicht mehr gläubig bin, obwohl ich mit diesem ganzen Teil meiner Erziehung gebrochen habe, stehe ich auf dem Rollfeld, den Kopf unter seine Hand gebeugt, bis er fertig ist.

Ich spüre die Berührung seiner Finger noch auf der Kopfhaut wie den Reif einer unsichtbaren Krone, als ich durch die Gleittüren trete, wo Anton auf mich wartet. Er sieht verändert aus; er trägt ein weites weißes Baumwollhemd, und sein Haar ist zu einer kurzen dunklen Bürste geschoren.

Zwei Tage später finde ich einen Job als Tutorin für Schulkinder, denen ich Nachhilfe in englischer Literatur gebe. Ich sitze in einer durch Trennwände abgeteilten Kabine über dem Hafen und lotse sie durch *Romeo und Julia*, durch die Gedichte von Seamus Heaney und erkläre ihnen die Beweggründe von Arthur Millers Handlungsreisendem. Ich bringe einem Mädchen, das auf ein Internat in Hertfordshire gehen soll, bei, wie man Messer und Gabel benutzt. Ich nehme Kantonesischunterricht: *yat, yee, sam, sei, ng*. Ich esse jeden Morgen an einem Straßenstand eine Schale Congee. Ich schwimme im Südchinesischen Meer und klaube mit den Zehen Muscheln auf. Ich fahre mit der Peak Tram die Flanke eines Berges hinauf. Ich nehme mir die Zeitungen vor, die Interviews, Features, die Buch- und Filmbesprechungen und frage mich: Das vielleicht? Soll ich es damit versuchen? Ich schreibe Briefe auf zwiebelschalendünnen blauen Aerogrammen. Anton bringt mir bei, mit der Spiegelreflexkamera umzugehen, und ich ziehe damit los und fotografiere alles – Leute, die ihre Käfigvögel spazieren führen, alte Damen beim Morgen-Tai-Chi, Mah-Jongg-Spieler im Park, Kinder in Drachenkostümen, die gepressten Enten in den Restaurantfenstern, die Straßenbahnen, die Neonschriftzüge am nächtlichen Himmel, die Pyramiden aus Zibetfrüchten und Wannen voll Tofu auf den Nachtmärkten. Ich beschaffe mir einen Ausweis für die Bibliothek des British Council, trage die erforderlichen Formulare und Fotokopien und Adressnachweise zusammen. Ich wandere den Teppich vor den Romanen von A bis Z ab und sage mir: Ich kann lesen, was immer ich will. Die Erkenntnis braust heran wie ein Sturmwind, mit einer Wucht, dass es mich beinahe umwirft.

Vorbei die Zeit der Seminare, der Leselisten und Prüfungen.

Ich leihe drei Bücher aus und nur wenige Tage später die nächsten drei. Die Bücher stapeln sich in unserer winzigen Wohnung, neben dem Bett, im Bad, auf der Küchenzeile. Ich leihe Bücher von Schriftstellern aus, von denen ich gehört habe, aber für die ich bisher nie die Zeit hatte, Bücher von Autoren, die ich im Radio habe sprechen hören, Bücher, die aus exotischen Sprachen übersetzt worden sind, Bücher von Leuten, die noch leben, Bücher, die in der Zeitung erwähnt wurden, all die Bücher, kurz gesagt, die in meinem Literaturstudium nicht vorkamen. Ich lese, wenn ich zu Fuß zur Arbeit gehe, ich lese in der U-Bahn, ich lese, während ich auf den nächsten Schüler warte, ich lese in der Badewanne, von der Decke herab beobachtet von dem leuzistischen Gecko, den ich mir als Haustier heranziehe, mit Blattläusen, die ich aus den Blumenkästen picke.

Und eines Nachts in der Monsunzeit, als vor den Fenstern das stetige, einschläfernde Rauschen des Regens tönt, während drinnen unsere Kleider, die Fensterrahmen und Bilder vor sich hin modern und die Luft zu schwül zum Schlafen ist und mein Kopf zu voll von den subversiven Nacherzählungen der europäischen Volkssagen, die ich gerade gelesen habe, fasst mich ein Drang, Worte zu Papier zu bringen. Ich stehe auf, setze mich mit einem Heft an den Tisch, und während Anton weiterschläft, fange ich an zu schreiben.

Hals

2002

Als mich ein derber Griff von hinten packt, denke ich im ersten Moment, es muss jemand sein, den ich kenne. Ein Bekannter ist hier, in Chile, ist durch einen unglaublichen, unerklärbaren Zufall hierhergeführt worden, hat uns entdeckt auf unserem Spaziergang am See und will uns jetzt überraschen, indem er sich an uns heranpirscht und mich erschreckt.

Dann sehe ich Wills Gesicht und begreife, dass es nichts dergleichen ist. Eine Machete drückt sich mir an den Hals. Ihre lange Klinge blitzt in der Abendsonne. Ich fühle ihre kühle, metallische Liebkosung auf der Haut, fühle die zu enge Umarmung des Fremden, die mir die Arme an den Körper schnürt. In der verstörenden Intimität seiner Umklammerung streift sein Atem mein Ohr, keuchend und rau. Sehen kann ich ihn nicht, aber mein Gefühl sagt mir, dass er etwa so groß wie ich und dunkelhaarig ist. Er hat sich länger nicht mehr gewaschen. Ich rieche den beißenden Zwiebeldunst seiner Achselhöhlen, spüre das Metall seiner Gürtelschnalle in meinem Kreuz, das Zittern seiner

Hände. Er hat Angst. Will hat auch Angst, ich selbst dagegen empfinde eine merkwürdige Distanz, als wäre all dies gar nicht real, als befänden wir uns nicht in der Gewalt eines Messerstechers, sondern spazierten weiter am Seeufer entlang.

Will ist außerdem wütend, sehe ich, über diese Störung, diese ungebetene Einlage. Sein Gesicht ist bleich, finster. Ich kenne ihn seit zehn Jahren, habe seit drei Jahren eine Beziehung mit ihm, und ich weiß, was ihm durch den Kopf geht, kann seine Gedanken lesen wie die Lochstreifen aus einem Fernschreiber: eine Machete, meine Freundin, ein Mann, kleiner als ich. Er sieht stocksauer aus. Mordlustig.

Wir stehen am Beginn einer langen Südamerikareise. Wir sind noch keine ganze Woche unterwegs, und diese kleine Ortschaft an einem See am Fuß eines Vulkans ist unsere zweite Station. Als Nächstes wollen wir in Richtung der Berge fahren, tief in die Anden hinein, zu einem Ort, wo es Thermalquellen geben soll und einen Bauern, der einen in seiner Scheune übernachten lässt.

Will und ich haben vor Kurzem ein Häuschen in London gekauft, ein Reihenendhaus aus rotem Backstein mit einem winzigen rautenförmigen Stück Garten. Es liegt direkt an einer Bahnlinie, und Züge in beide Richtungen rattern daran vorbei, dass die Wände schaudern und beben und die Fensterscheiben klirren.

Als wir es übernommen haben, war es halb verfallen und seit Jahren unbewohnt, die Dielenbretter bogen sich durch, die Blümchentapete aus Vorkriegszeiten lappte von den Wänden, aus den Gaslampen leckten Deltas rostroter

Ausflüsse auf bröckelnden Stuck. Während wir durch Südamerika reisen, wird das Haus mit neuen Böden, neuen Leitungen, neuem Leben versehen (hoffen wir wenigstens; die Angaben der Handwerker sind vage). Zurückkehren werden wir, wenn alles gut geht, zu elektrischer Beleuchtung, Dielen, die unter unseren Tritten nicht einsacken, weißen Wänden, Heizungen, Warmwasser, freigeschlagenen offenen Kaminen und einem funktionsfähigen Herd. Wir sind wohnungslos, während diese Verwandlung ihren Lauf nimmt, und statt uns nach einem Übergangsquartier umzuschauen, haben wir beschlossen, die Zeit mit Reisen zu überbrücken. Das Leben in Südamerika, so dachten wir, würde uns billiger kommen als die Miete in London. Die Arbeit wollten wir mitnehmen; wir würden unsere Artikel unterwegs schreiben und sie nach England mailen. Der perfekte Plan.

Nur dass mir hier dieser Mann eine Machete an die Kehle hält und mir »*Dinero*« ins Ohr raunt. »*Dinero.*« Dann, falls wir nicht verstehen: »*Money.*«

Will rührt sich nicht. Er steht vor uns beiden, leicht geduckt jetzt, sprungbereit.

»Gib ihm was«, krächze ich, meine Luftröhre bedrängt von der Klinge.

Er rührt sich immer noch nicht.

»Will«, flüstere ich, als der Mann sich meine Haare um die Faust wickelt und mich daran auf die Knie zerrt, mir die Machete noch fester an den Hals drückt, »bitte. Gib ihm das Geld.«

Ich sehe Will auf die Machete schauen, auf den Mann,

auf mich, die stumm vor ihm kniet wie bei einem seltsamen, erzwungenen Heiratsantrag, meine bloße Kehle der Klinge dargeboten, und ich weiß, dass er immer noch seine Chancen abwägt, die Situation tätlich zu lösen.

»Bitte«, sage ich noch einmal.

Da gibt er nach. Er schiebt die Hand langsam in die Jackentasche. Mir fällt wieder ein, hinfällige Frage, wie wir vorhin in unserem Zimmer im Hostel überlegt haben, ob wir wohl Jacken brauchen werden. Ist es kalt? Sieht es nach Regen aus? Sind Wolken am Himmel? Sollen wir vor dem Essen noch einen Spaziergang am See machen? Warum nicht?

Will streckt ihm ein paar Scheine hin. »Lass sie los«, sagt er.

Der Arm des Mannes schnellt vor, um das Geld zu packen, und die Bewegung reißt scharf an meiner Kopfhaut. Durch den Schmerz hindurch erhasche ich einen Blick auf einen schwarzen Haarschopf, braunfleckige Zähne, Jeans, ein löchriges Sweatshirt. Der Mann ist jung, jünger als ich, und ganz klar ohne Obdach. Was haben wir uns nur dabei gedacht, hier spazieren zu gehen, an diesem einsamen, windigen Ort?

Das Geld stellt ihn nicht zufrieden. Missvergnügt stopft er es in die Gesäßtasche.

»*Mas!*«, schreit er und haut mit seiner Machete auf den Boden. »*Mas!*«

Er nimmt uns komplett aus. Gerade an diesem Tag waren wir auf der Bank und haben einen ganzen Packen Reiseschecks eingelöst; wir wollen in die Anden aufbrechen und brauchen Bargeld. Wir haben mehr Geld in unseren Taschen und Beuteln als jemals zuvor auf irgendeiner unserer Reisen. Der Mann nimmt es uns bis zum letzten Schein ab, zerrt es aus all den verschiedenen Verstecken hervor. Wir überlassen es ihm im Austausch für meinen Hals, für die Adern darin, die Sehnen und Muskeln, die Luftröhre, die Speiseröhre, für den Erhalt ihres derzeitigen unversehrten Zustands.

Und zu keiner Zeit lässt er mein Haar los. Er hält es während der ganzen Aktion um seine Faust geschlungen, sodass jede kleinste Bewegung von ihm, jedes Zucken, an meiner Kopfhaut reißt und brennt. Als nirgends mehr etwas zu finden ist, als unsere sämtlichen Taschen leer sind, kommt es zu einem langgezogenen Dreiecksmoment, in dem wir von einem zum anderen blicken. Ich zu Will, Will zu dem Mann, der Mann zu mir. Was jetzt?, denken wir alle. Er hat die Machete in der einen Hand, mein Haar in der anderen; seine Hosentaschen beulen sich von unserem Geld. Der Wind umfaucht uns, zerfurcht das Wasser des Sees, peitscht die Bäume hin und her vor dem dunkler werdenden Himmel.

Der Mann verstärkt seinen Griff um mein Haar, biegt mir den Kopf immer weiter in den Nacken. Ich sehe nur noch Himmel, jagende Wolken, die schwarzen Pfeile der Vögel. Hinterher im Hostel werden Will und ich über diesen Augenblick reden und einander gestehen, dass wir beide dachten, der Mann wolle noch mehr. Mehr Brutalität, mehr Nötigung, mehr Albtraum.

Fürs Erste starre ich hinauf in den Himmel, auf die Vögel, die schnell dahinziehenden Wolken, und ich denke an den dichten Wald hinter uns. Um keinen Preis will ich in diesen Wald verschleppt werden, um keinen Preis will ich erleben, wie sich das Blätterdach über mir schließt, will das Kratzen und Rupfen des Unterholzes an meiner Haut und den Kleidern spüren, die Klammheit des Waldbodens. Meine Gedanken sind simpel. Sie hämmern in meinem Kopf: Lass mich los, lass mich los, nicht der Wald, nicht der Boden, bitte, ich spüre ihren Takt, ich stelle mir vor, wie dieser Takt auf meine Schädelwand übergreift, wie er durch meine Haarwurzeln aufsteigt in die Hand des Mannes. Lass mich los. Bitte. Und glaub mir eines: Ich werde mich wehren. Ich komme nicht kampflos mit. Wenn du versuchst, mich wegzuzerren, dann biete ich alles auf. Ich mache es dir nicht leicht. Ich leiste Widerstand bei jedem Schritt, bei jedem Zentimeter, mit noch dem letzten Rest meiner Kraft.

In mein Blickfeld schiebt sich sein Gesicht, kopfüber. Er schaut zu mir herab; ich schaue zu ihm hinauf. Er scheint abzuwägen, seine Optionen zu überdenken. Ich halte seinen Blick fest. Tu's nicht, beschwöre ich ihn. Tu's nicht. Nimm das Geld und geh. Ich taste mit den Händen nach irgendeinem Halt, Wurzel oder Stein, falls er Anstalten macht, mich von hier fortzuschleifen. Aber ich bekomme nur kleine Kiesel zu fassen, die mir durch die Finger schlüpfen.

Er beugt sich vor, über mich. Eine Entscheidung ist gefallen.

»Lauf«, zischt er.

Er zerrt mich auf die Füße und stößt mich von sich weg, hin zu Will.

»Los!«, herrscht er uns an und zeigt mit seiner Klinge weg von der Ortschaft, weg vom Hostel, weg von allem. »Laufen!«

Ohne ein Wort hetzen wir am Ufer entlang, unser Atem geht in scharfen, würgenden Stößen, meine geschundene Kopfhaut glüht und pocht. Ich werfe einen Blick über die Schulter, ob er nicht doch hinter uns herkommt mit seinem wütend verzogenen Gesicht, den kaputten Zähnen, den fettigen Haaren, seine gebogene Machete schwingend wie ein Orientale den Krummsäbel. Stattdessen sehe ich ihn über die Ufersteine davonrennen und über einen Zaun setzen, wieder eins werden mit der struppigen Vegetation.

Will fasst mich am Ärmel. Wir bleiben stehen, und ich beuge mich vornüber, Hände auf den Knien, und versuche so viel Luft in meine Lunge zu pumpen, wie ich nur kann. Ich bin längst nicht so in Form wie Will, der joggt und einmal die Woche Fußball spielt, fünf gegen fünf.

»Komm«, sagt er und zeigt auf den Weg zurück zur Stadt. »Kannst du noch?«

Später sitzen wir in unserem Hostel am Tisch. Die Besitzerin, der wir von dem Vorfall erzählt haben, hat in großen Blockbuchstaben auf die Tafel hinter der Rezeption geschrieben: NICHT AM SEE SPAZIEREN GEHEN – BEWAFFNETE RÄUBER! Sie hat uns außerdem Tee mit zu viel Zucker gemacht, »für den Schreck«, wie sie sagt. Sie tätschelt mir die Schulter, und ich zucke zusammen. Etwas hat mich eingeholt; die Angst, die am See eingedämmt war, hat den Weg in meinen Körper gefunden. Meine Arme zittern. Immer wieder wende ich mich um. Wenn ich die Tasse an den Mund hebe, klappert mir der Rand gegen die Zähne.

In ein paar Monaten werden wir nach London zurückkehren. Wir werden in dem Haus wohnen, das wir gekauft haben. Die Handwerker werden nicht annähernd fertig sein, aber wir werden trotzdem einziehen. Durchs Dach tropft es nicht mehr, die rostzerfressenen Gaslampen sind abmontiert, aber die Toilette spült mit heißem Wasser, in den Wänden klickt und raschelt es nachts, und im Garten türmt sich der Schutt. Wir werden einander umkreisen in diesen Räumen, uns zum Arbeiten, zum Schreiben auf verschiedene Zimmer aufteilen. Wir wissen es noch nicht, aber diese kommenden Monate werden unsere letzten zu zweit sein.

War an dem Erlebnis am Seeufer etwas, das uns vorwärtsgeschoben, unseren Übertritt aus einer Lebensphase in die nächste beschleunigt hat? Hat mein knappes Entrinnen vor der Machete uns beiden noch einmal die Zerbrechlichkeit und Unbeständigkeit menschlichen Lebens verdeutlicht? So oder so wird es nicht lange dauern, bis ich mit einem Schwangerschaftstest in unserer frisch gestrichenen Wohnung sitze und auf das Stäbchen starre, darauf warte, dass sich der blaue Streifen bildet.

In dem Hostel in Chile drängt es Will, über den Überfall zu reden, die Fakten zu rekapitulieren, sich ihrer zeitlichen Abfolge zu vergewissern, seine Version mit meiner abzugleichen. Immer wieder geht er die Ereignisse durch, rückwärts, vorwärts, aus diesem Blickwinkel, aus jenem. Wie der Mann sich uns von hinten genähert hat, wie der Wind das Geräusch seiner Schritte übertönt haben muss, wie Will sich umgedreht und die Klinge an meiner Kehle gesehen hat, der Mann kann es nicht zum ersten Mal gemacht haben, dazu war sein Vorgehen zu routiniert, er war nicht sehr groß, Will hätte mit ihm fertigwerden können, er hätte ihm die Machete abnehmen können, da ist er sich ganz sicher, wir sind dem Mann ja schon vorher begegnet, zu Beginn unseres Spaziergangs, und schon da erschien es Will merkwürdig, dass er unserem Blick auswich, nicht das Nicken erwiderte, mit dem wir ihn grüßten.

Bei dieser letzten Bemerkung hebe ich den Kopf. »Weißt du was?«, sage ich. Und ich fange an zu erzählen, eine Geschichte, die ich noch nie einem Menschen erzählt habe, von etwas, das mir fast zugestoßen wäre, als ich achtzehn war und allein unterwegs.

Unterleib

2003

Vage bekam ich schon seit einer Weile mit, dass links von mir noch jemand war. Es war ein Mann, eher mittelalt als jung, mit Kittel und Mundschutz, der am äußeren Rand meines Sichtfelds an der Wand des OP-Saals lehnte. Er tat eigentlich nichts, sondern stand nur da und sah zu, die Hände auf dem Rücken wie ein Zuschauer bei einem Tennismatch.

Ich hatte flüchtig überlegt, was er hier machte, im Umfeld eines Notkaiserschnitts, allem Anschein nach ohne eigene Funktion. Aber dann überstürzten sich die Ereignisse, und ich stellte alle Spekulationen ein.

Ich weiß bis heute nicht, wer der Mann war, und ich werde es wohl nie erfahren. Sein Kittel war beige; die aller anderen waren blau. War er ein Praktikant, ein Medizinstudent, eine Stationshilfskraft, ein Pfleger? Ich habe keine Ahnung.

Mit Gewissheit wusste ich bei unserer Begegnung im OP-Saal nur drei Dinge: dass das Kind geboren und in eine Ecke des Raumes gebracht worden war, wo es schrie und versorgt wurde; dass ich mich verzweifelt danach sehnte, es halten zu dürfen; dass ich auf der Kippe stand. Mein Herz raste plötzlich, als könnte es flüchten vor dem, was da mit solcher Vehemenz über uns kam. Will wurde von der Schwester beim Arm gefasst und eilig weggezogen. Der Boden schwamm von Blut; alle rannten. Wenn Krankenhausangestellte rennen, bedeutet das nach meiner Erfahrung nichts Gutes. In der Regel sind es Menschen, die nichts so schnell aus der Ruhe bringt, rational und mit einem betont nüchternen Auftreten. Erst wenn diese Fassade Risse bekommt – wenn sie laufen oder die Stimme erheben –, wird es brenzlig.

Die Ärzte auf der anderen Seite eines hastig aufgestellten Wandschirms, eine Frau und ein Mann, hinterließen rote Schuhabdrücke, während sie arbeiteten. Die Frau, eine junge Nordirin, sagte voller Panik: »Ich kann das nicht, wie denn, ich weiß nicht, wie.« Ich sah einen Unterarm, bis zum Ellbogen dunkelrot, über eine schweißbedeckte Stirn wischen. Ihr Kollege, ein wortkarger Mittdreißiger, sagte scharf etwas zu ihr und verfiel wieder in Schweigen. Die Anästhesisten, die bisher schwatzend und Sprüche machend neben mir gesessen hatten, standen jetzt und beobachteten über den Wandschirm hinweg, was dahinter geschah. Ihre Gesichter waren ruhig, unbewegt, wachsam. Einer rückte seine Halbbrille zurecht und verstellte etwas an dem durchsichtigen Beutel, der am Tropfstand hing.

Was immer es war, gelangte fast augenblicklich in meine Blutbahn. Ich spürte mein Inneres abschwenken wie eine

Lok, die auf ein Nebengleis geleitet wurde; durch mein Hirn trieb eine Art Nebel. Meine Augen verdrehten sich nach hinten – ich sah die Fliesen oben an der Decke vorbeiziehen wie ein Förderband, ich sah die rötlichen Bartstoppeln unterm Kinn des Anästhesisten, ich sah eine defekte Glühbirne flackern. Ich hielt meine Lider mit aller Gewalt offen; ich grub mir die Fingernägel in die Handflächen. Ich musste im Hier und Jetzt bleiben. Ich durfte dieser Macht, die mich in die Tiefe zu reißen versuchte, nicht nachgeben. Mein Kind war da. Ich konnte nicht gehen.

Auf einer Party hatte ich mich, hochschwanger schon, mit einem Gynäkologen unterhalten.

»Mit dem Entbinden ist das so eine Sache«, vertraute er mir etwas schwerzüngig an und schwenkte sein Weinglas in Richtung meines Bauchs. »Entweder es läuft reibungslos, oder es geht völlig in die Hose. Dazwischen gibt es nichts.«

Nicht die tröstlichste Ansage, aber vielleicht eine der ehrlicheren. Als ich schwanger wurde, lebte ich in froher Unkenntnis der Tatsache, dass der sogenannte Wunschkaiserschnitt im Vereinigten Königreich ein Politikum war. Ich hatte noch nie vom National Institute for Clinical Excellence gehört, wie es damals hieß (NICE, lautete netterweise das Kurzwort), und auch nichts von den strengen Richtlinien bezüglich der Anzahl von Kaiserschnitten, die pro Monat und Klinik genehmigt wurden.

Bei meinem Termin in einem großen Londoner Krankenhaus empfing mich eine freundliche Assistenzärztin (dieselbe, die Monate später, als ich blutend auf dem OP-Tisch lag, jammern sollte: »Ich kann das nicht, wie denn, ich weiß nicht, wie«). Ich erklärte ihr, dass ich als Kind von einer Viruserkrankung befallen worden war, die mich ein Jahr lang an den Rollstuhl gefesselt und leichte Schäden an Muskeln, Nerven und Hirn hinterlassen hatte. Laut den Neurologen und Kinderärzten, die mich damals behandelt hatten, würde ich im Fall einer späteren Schwangerschaft per Kaiserschnitt entbinden müssen. Meine neuromuskulären Endplatten an Wirbelsäule und Becken seien dauerhaft geschädigt, was bedeute, dass der Geburtsvorgang beginnen, aber nicht fortschreiten würde; die Wehen würden nicht stark genug sein.

Ich wollte die Ärztin fragen, wie sie darüber dachte – eine natürliche Geburt wäre mir lieber gewesen, und die Diagnose war immerhin zwanzig Jahre alt. Ich hatte meine Rede gut vorbereitet, sie auf die Kernpunkte reduziert; ich wusste, dass die Ärztin wenig Zeit haben würde, dass die Schwangerenambulanz überlaufen war, dass es darauf ankam, ihr die Schlüsselinformationen über meine Enzephalitis zu vermitteln und sonst nichts. Ich wollte einfach nur ihre Meinung hören: Wie schätzte sie meine Chancen auf eine normale Geburt ein? Aber ich war erst bei der Hälfte meiner Geschichte angelangt, als sie mich nervös unterbrach.

»Ich muss das mit dem Chefarzt besprechen«, sagte sie und huschte davon.

Ich wartete. Ich ließ den Blick durchs Zimmer wandern. Ich studierte die Liste von Nahrungsmitteln, die während der Schwangerschaft verboten waren. Ich versuchte, die Einträge in meiner Akte verkehrt herum zu lesen.

Die Tür flog auf. Ein großer Mann mit scharfen Kammspuren im schwarzen Haar kam herein, gefolgt von der Assistenzärztin. Sie stellte mich vor, und er nahm meine ausgestreckte Hand, aber statt sie zu schütteln, riss er mich von meinem Sitz hoch.

»Stehen Sie auf«, waren seine ersten Worte zu mir. »Zeigen Sie mir, wie Sie laufen.«

Heute wünschte ich, ich hätte auf dem Absatz kehrtgemacht und den Raum verlassen, aber damals war ich so verblüfft, dass ich gehorchte.

»Ihnen fehlt nichts«, verkündete er, nachdem ich zwei Schritte gemacht hatte. »Sie können völlig normal entbinden.«

Ich wollte genauer nachfragen, aber der Chefarzt – nennen wir ihn Dr. C. – fiel mir ins Wort. Kaiserschnitte seien en vogue, sagte er, die große Mode. Ich hätte zu viele Klatschmagazine gelesen. Ich versicherte ihm, dass dem nicht so war, aber er schnitt mir wieder das Wort ab: Ob mir klar sei, dass ein Kaiserschnitt einen schweren Eingriff darstelle? Warum bildete ich mir ein, irgendwelchen Promis nacheifern zu müssen? Traute ich etwa seiner Fachdiagnose nicht? Was stimmte mit mir nicht, dass ich solche Angst vor ein bisschen Schmerz hatte?

Aufgebracht setzte ich zu der Erwiderung an, dass mir Schmerzen, ob er es glaube oder nicht, ziemlich vertraut waren, aber er maß mich nur mit dem Ausdruck äußerster Verachtung.

»Diese Krankheit, die Sie gehabt haben wollen.« Er schoss einen Blick zu der Assistenzärztin hinüber, die zaghaft an der Tür stand. »Enzephalitis, richtig?« Sie nickte, und Dr. C. nahm wieder mich aufs Korn. »Können Sie das beweisen?«, fragte er, ein leichtes, aber triumphierendes Lächeln um die Lippen.

»Beweisen?«, wiederholte ich ungläubig. »Denken Sie, ich lüge?«

Dr. C. zuckte mit den Achseln, starrte mich aber weiterhin auf eine Art an, die etwas Routiniertes, Gewohnheitsmäßiges hatte. War dies seine erprobte Methode, schwangere Frauen mittels Demütigung seinem Willen zu unterwerfen? Es wirkte ganz so.

»Gut, ich könnte Ihnen meine alten Krankenhausakten zukommen lassen«, sagte ich nach einer Weile, ohne die Augen von ihm zu nehmen. »Würde Ihnen das als Beweis ausreichen?« Ich lasse mich von dir nicht schikanieren, war die Botschaft zwischen den Zeilen. Dr. C. verstand sie, und es wurmte ihn nur noch mehr. »Die Akten stammen aus den frühen Achtzigerjahren und müssten aus Südwales angefordert werden, aber das lässt sich sicherlich einrichten.«

Er kniff die Lider zusammen, klopfte mit seinem Bleistift auf den Tisch. Und dann war Dr. C. fertig mit mir. Er stand auf, entließ mich mit einem Schwenk der Hand und versandte seinen letzten Giftpfeil: »Da hätten Sie schon im Rollstuhl kommen müssen, dass ich Ihnen einen Kaiserschnitt bewillige.«

Es war eine erstaunliche Äußerung, ganz gleich zu wem

und erst recht zu jemandem, der tatsächlich im Rollstuhl gesessen hatte. Was mich so schockierte, war weniger seine Weigerung, meinen Fall zu besprechen, geschweige denn mir einen Wunschkaiserschnitt zu bewilligen, es war diese Unterstellung, dass ich eine Simulantin war, eine Drückebergerin, die sich eine leichte Geburt erschleichen wollte. Das und seine widerliche Gönnerhaftigkeit. Ob mir klar sei, dass ein Kaiserschnitt einen schweren Eingriff darstelle? Nein, ich dachte, es wäre ein Bummel im Park.

Das Zittern kam erst, als ich draußen war, fast wie damals zur Zeit der viralen Bewegungsstörung. »Ataxie« ist das Fachwort dafür, ein Schlackern der Gliedmaßen, ein Tremor, ein Unvermögen, zu gehen oder die Bewegungen in sonst einer Form zu koordinieren. Ich musste mich an die Krankenhausmauer lehnen, inmitten der Raucher, der im Leerlauf tuckernden Krankenwagen, der Leute, die auf ihre Taxis warteten, um erst einmal wieder zu mir zu finden, das Geschehene zu begreifen.

Sich so hilflos fühlen zu müssen, so missachtet, so abgetan – darauf war ich nicht gefasst gewesen. Ich wollte von diesem Krankenhaus weglaufen und nie mehr zurückgehen, aber wie sollte ich dann mein Kind zur Welt bringen? Ich brauchte diesen Ort. Ich war schwanger, mir blieb keine Wahl; mein Geburtstermin war in nicht ganz fünf Monaten, und was würde geschehen, wenn die Vorhersagen der Neurologen eintrafen? Was dann? Wenn mein Körper außerstande war, dieses Kind zu gebären? Es war dumm von mir gewesen, selbstsüchtig, dass ich überhaupt schwanger geworden war. Ich hätte es nie geschehen lassen dürfen, wenn ich der Aufgabe des Gebärens nicht gewachsen war. Was hatte ich mir nur gedacht?

Die Leute ließen mich in Ruhe, machten einen Bogen um mich. Ein Mensch, der vor einem Krankenhaus an der Wand lehnt, stumm und im Schock, ist kein ungewöhnlicher oder überraschender Anblick. Schließlich humpelte ein Mann mit Krücke und Tropf, an dessen beiden Armen Seefahrertätowierungen hochkrochen, auf mich zu und bot mir eine Zigarette an. Ich lehnte ab, dankend, und zeigte auf meinen vorgewölbten Bauch.

»Kinder«, sagte er leutselig mit starkem Cork-Akzent. »Die bringen einen ins Grab.«

Als ich nach Hause kam, hörte sich Will nach dem ersten Schrecken über meinen desolaten Zustand meinen wirren, unzusammenhängenden Bericht an. Eine Zeit lang ging er im Wohnzimmer auf und ab. Dann rief er im Krankenhaus an. Er sprach mit der nordirischen Assistenzärztin, die sagte, ja, wenn das mein Wunsch sei, könne ich das Krankenhaus wechseln, aber zu allen anderen Kliniken würde ich es ziemlich weit haben. Besser wäre wahrscheinlich, meinte sie, mich einfach von einem anderen Arzt betreuen zu lassen. Ich würde Dr. C. nie wiedersehen oder sprechen müssen, wenn es das war, was ich wollte.

Das war haargenau das, was ich wollte: ihn nie wiedersehen. Also blieb ich an dem Krankenhaus und wechselte nur den Arzt. Ich übermalte Dr. Cs Namen in meinem Mutterpass mit Wäschetinte und ersetzte ihn durch den Namen der neuen Ärztin. Ich tilgte ihn aus allen meinen Unterlagen, meinen Plänen, meinen Ordnern. Er sollte nichts, aber auch gar nichts mit mir oder meinem Kind zu tun haben.

Wie sich herausstellte, hatten die Neurologen damals in den Achtzigern richtig prophezeit. Meine Wehen dauerten und dauerten, ohne dass sich etwas bewegte; sie schlugen über mir zusammen, ebbten dann wieder ab. Mir schienen sie wie der Inbegriff von Qual, von Höllenpein – ein Gefühl, als versuchte sich mein Körper von innen nach außen zu stülpen –, aber die Schwestern sahen stirnrunzelnd auf den Monitor, der an meinen Bauch angeschlossen war. Nicht stark genug, sagten sie. Abklingend, sagten sie.

Ich versuchte immer wieder, zu ihnen durchzudringen, Will ebenfalls. Das Problem ist, erklärte ich einer Hebamme, während Will sie am Arm festhielt, dass ich als Kind akute Enzephalitis hatte. Schwere zerebellare Ataxie. Nervenschädigungen. Vestibuläre Dysfunktion. Bitte schauen Sie in meinem Geburtsplan nach, in meiner Akte. Da steht alles drin. Meine neuromuskulären Endplatten sind – an diesem Punkt riss ich mir die Entonox-Maske vom Gesicht – sie sind ... sie sind ... sie leiten nicht richtig, und es hieß, ich brauche einen ... einen ... Warten Sie, wo gehen Sie denn hin? Kommen Sie zurück.

Am Morgen meines dritten Tages im Kreißsaal tauchte an meinem Bett kein Geringerer auf als Dr. C. Ich sah zu ihm hoch, er sah auf mich herunter, Lippe geschürzt. Erkannte er mich von unserer Begegnung fünf Monate zuvor? Hatte er meine Akte mit seinem übermalten Namen gesehen? Am liebsten hätte ich ihn angeschrien, nicht Sie, jeden anderen, nur Sie nicht, aber undeutlich wusste ich, dass er das Leben meines Kindes in Händen hielt, dass er mein Leben in Händen hielt. Er war der einzige leitende Arzt, der an diesem Morgen Dienst hatte. Also benahm ich mich, ich hatte mich im Griff; ich wurde nicht laut, ich forderte ihn nicht zum Gehen auf. Möglich, dass ich sogar lächelte, als ich ihn um einen Kaiserschnitt anflehte – die Worte zwischen den Wehen hervorpresste, bäuchlings auf meine Liege gestreckt.

Er warf einen Blick auf den CTG-Streifen mit der abfallenden Herzfrequenz meines Babys, überflog meine Akte, las sich meinen Geburtsplan durch und bewilligte dann den Eingriff mit der Miene eines Feudalherrn, der einer Leibeigenen eine Gunst gewährt. Aber für Dr. C. war und blieb ich die Hysterikerin, die Fantastin, die Simulantin, die zu viele Klatschmagazine las. In meiner Akte, ließ er mich wissen, würde der Vermerk »auf Wunsch der Mutter« stehen, was so viel hieß wie: medizinisch nicht geboten. Und das trotz der drei Tage, die ich schon hinter mir hatte, trotz des Wehentropfs, der Stagnation, der neurologischen Diagnose.

Am Tag nach dem beinahe letalen Kaiserschnitt kam der Chirurg, um nach mir zu sehen und mir zu erklären, was schiefgegangen war. Das Problem war, sagte er, während ich im Bett saß und zu stillen versuchte, dass sich das Baby in der sogenannten Sternenguckerposition verkeilt hatte, einer Lage, die eine vaginale Entbindung unmöglich macht. Meine Wehen hatten sich so lange hingezogen, ohne etwas zu bewirken, dass sich das Baby auf die falsche Seite gedreht hatte, Rückgrat an Rückgrat mit mir, wodurch der zu enge Gebärmutterhals ihm das Kinn auf die Brust drückte, sodass der breitere Teil seines Schädels zum Ausgang zeigte. Kopf nach unten, Blick in die Höhe. Manche von uns haben die Sterne im Blick. Sein linkes Ohr war so zerknautscht und verformt durch den Druck der ineffektiven Wehen, dass es operativ korrigiert werden musste.

Weil das Kind so gründlich feststeckte, bekamen die Ärzte es nicht recht zu fassen, und das daraus resultierende Biegen und Zerren, Rucken und Stochern hatte zu der Ruptur geführt. Alles, was im Innern hätte bleiben sollen, war herausgequollen.

»Was wäre vor hundert Jahren passiert«, fragte ich den Chirurgen, den Mann, der meine Eingeweide an ihren Platz zurückbefördert und die Blutung gestillt, mich wieder zugenäht und mir das Leben gerettet hatte, »wenn eine Frau ein Sternenguckerbaby bekommen hätte?«

Der Chirurg sah von seinen Aufzeichnungen auf. Er schien zu überlegen, abzuwägen, ob er mir die Wahrheit sagen sollte oder nicht. »Sie wäre nicht durchgekommen«, sagte er nach einer Weile und schrieb weiter an seinem Bericht oder was immer es war.

»Und das Kind?«

»Das Kind wäre als Erstes gestorben«, sagte er, ohne den Kopf zu heben. »Und danach die Mutter. An einer Sepsis. Vermutlich Tage später.«

Tod im Kindbett scheint eine so überholte Gefahr, eine so fernliegende Bedrohung, schon gar in einem Krankenhaus der entwickelten Welt. Aber laut einer kürzlich veröffentlichten Studie* steht Großbritannien beim Thema Müttergesundheit auf Platz 30 von 179 aufgeführten Ländern. Das Risiko, bei der Entbindung zu sterben, beträgt 1:6900 und ist somit deutlich höher als in Polen (1:19 800), Österreich (1:19 200) oder Weißrussland (1:45 200). Die USA kommen noch hinter England an 33. Stelle; dort ist es eine von 1800 Müttern, die bei der Geburt stirbt. Das Schlusslicht bildet Somalia. Bis auf zwei liegen die elf letztplazierten Länder der Welt alle in West- und Zentralafrika.

Die weltweit verbreitetste Ursache für die Müttersterblichkeit sind postnatale Blutungen.

Als ich ein Kind war, gingen wir jedes Jahr ins Weihnachtsvarieté. Auf mich wirkten diese Veranstaltungen immer gleich verstörend und hektisch: Männer mit Frauenkleidern und Luftballonbüsten, die kreischten wie die Verrückten; Kinder, die aus dem Zuschauerraum auf die Bühne geholt wurden, wo sie stumm und bedröppelt herumstanden; als Kaninchen und Igel verkleidete Erwachsene, die das Publikum mit Bonbons bombardierten; schwere Samtportieren mit goldenem Schnurbesatz und zuletzt – das Allergrusligste – ein dickes, fleischfarbenes Rollo, das sich herabsenkte und auf dem das ominöse Wort FEUERVORHANG stand.

Einmal trat ein Mann auf, der eine Frau im Glitzertrikot in einen Kasten einschloss. Oben stand ihr federge-

---

* Der jährliche State of the World's Mothers Report von Safe the Children für das Jahr 2015.

schmückter Kopf heraus, unten sahen die Füße in den winzigen Schühchen hervor. Der Mann machte sich daran, den Kasten in der Mitte durchzusägen, und die Zähne der Säge arbeiteten sich knirschend und wetzend immer weiter durch das schöne, paillettenschimmernde Mädchen.

Was mich als Kind am Tiefsten entsetzte, war das Lächeln, das sie während der ganzen Prozedur beibehielt, die Lippen weit zurückgezogen, das Gebiss blitzend, selbst dann noch, als der Mann den Kasten mit einem Schwung öffnete, um uns die leere, gezackte Höhlung zu zeigen, die er – der Irre, der Mörder, der Psychotiker – geschaffen hatte, während wir nur tatenlos dasaßen und gafften, schwerfällig wie Argon.

Das Bild der Glitzerfrau zuckt vor mir auf, als ich nun auf dem OP-Tisch liege, aufgeschlitzt, zerfetzt, blutend, meine Gedärme auseinandergerollt auf der falschen Seite meiner Haut. Was immer die Ärzte hinter dem Wandschirm mit mir anstellen, ist grob, brachial, eine Schändung. Ich lächle nicht. Ich wackle nicht mit meinen paillettenbesetzten Zehen. Mein Körper wird Richtung Tischende geruckt, Zentimeter für Zentimeter, bis mein Kopf auf dem Metallrand aufliegt. Ich spüre Hände in meinen Eingeweiden wühlen bis hinauf zu den Rippen. Das Blut quillt immer weiter aus mir heraus. Ich erhasche einen ersten Blick auf das Kind, meinen Sohn, weit weg auf der anderen Seite des Raums, und sein Gesicht ist unsicher, besorgt, seine Stirn gefurcht, als wäre ihm das, was er sieht, nicht geheuer (ein Gesichtsausdruck, den ich ihn auch später öfter annehmen sehe, selbst als Teenager noch). Ich sage etwas wie:

Bringt ihn mir, und er wendet mir den Blick zu, als wäre meine Stimme das einzig Vertraute im ganzen Saal.

Wir haben ausgemacht, Will und ich, dass er unter allen Umständen bei dem Kind bleibt. Lass es nicht aus den Augen, habe ich ihn beschworen, tiefnachts, wenn mich der Gedanke an die Geburt umtrieb, an Krankenhäuser im Allgemeinen. Ich habe zu viele Romane gelesen, zu viele Filme gesehen, in denen Säuglinge, die keine Namensbändchen ums Handgelenk tragen, bei der Geburt vertauscht werden.

Meine Großmutter gab gern die Geschichte zum Besten, wie sie in der Klinik ein Kind an die Brust gelegt bekam und sofort wusste, dass es das falsche war. Natürlich ist das Ihres, sagte die Schwester. Aber damit ließ meine Großmutter sich nicht abspeisen, sie stand aus ihrem Bett auf und ging durch die Station, sah hinter jeden Vorhang, bis sie ihr Kind, meine zukünftige Tante, entdeckte, die einer anderen Frau gebracht worden war. Egal, was passiert, habe ich Will eingeschärft, immer und immer wieder, du weichst unserem Kind nicht von der Seite.

Er hält sein Versprechen. Das Problem ist nur, dass ich die beiden nicht mehr sehen kann. Sie scheinen irgendwo anders hingebracht worden zu sein, hinter eine Trennwand oder in einen anderen Raum. Ich bekomme noch mehr von der Flüssigkeit aus dem Tropf eingeflößt; mein Kopf hängt mittlerweile über die Tischkante. Ich hebe die Hand, wozu, kann ich im Rückblick nicht sagen. Um der Prozedur Einhalt zu gebieten? Um zu sagen: Genug? Um zu sagen: Helft mir bitte?

Auf jeden Fall steht plötzlich der Mann in Beige neben mir. Er ist zu mir getreten, er hat seinen Platz an der Wand verlassen und nimmt meine erhobene Hand. Er umschließt sie mit seinen beiden. Ich starre stumm zu ihm empor. Bis zu dieser Sekunde habe ich nicht realisiert, wie verlassen ich war in meinem Ringen, trotz all der Leute ringsum, die fieberhaft mein Leben zu retten versuchen. Ich neige nicht dazu, mich schnell einsam zu fühlen – das Einzelgängertum lag mir immer schon –, aber bis zu diesem Moment war ich gefangen in Isolation, Verlorenheit, Ratlosigkeit. Ich war am Wegsinken, allein, umringt von Menschen.

Der Mann trägt eine dieser Brillen, die auf Licht reagieren, deshalb sind seine Augen von braun getönten Gläsern verdeckt. Er hat dickes, drahtiges, sehr kurz geschorenes Haar. Noch mehr Haare sprießen über dem Kragen seines OP-Kittels. Er bettet meine Hand so, dass sie um sein Handgelenk liegt, und deckt die freie Hand darüber. Sein Griff ist unendlich behutsam, aber verlässlich und fest. Was auch passiert, er lässt mich nicht los, versichert mir dieser Griff völlig ohne Worte. Er bleibt hier, und ich bleibe auch hier. Ich klammere mich an ihn mit der Kraft einer Ertrinkenden. Er nickt zu mir herab, ein einzelnes kurzes Nicken, und ein ernstes, langsames Lächeln steigt hinter dem Rand seines Mundschutzes auf.

Ich frage mich manchmal, ob ich ihn mir nur eingebildet habe, ob er das Fantasieprodukt eines bedrängten Hirns war. Aber das war er nicht. Er war da, es gab ihn.

Unsere Kommunikation lief völlig ohne Worte ab. Ich weiß nicht einmal, ob er Englisch sprach. Er blieb bei mir, während sie mich wieder zusammentackerten und -flickten; er stützte meinen Kopf und die Schultern, als sie mich vom Operationstisch auf eine Trage verluden. Er war da, als ich auf die Station geschoben wurde.

Danach verlor ich ihn aus dem Blick. Plötzlich wimmelte es von Schwestern, die mich abtupften, Tropfständer hin- und herschoben, nach Medikamenten, Schmerzmitteln, Transfusionen fragten. Jemand brachte meinen Sohn herein.

Erlebte er noch mit, wie Mutter und Kind wiedervereint wurden? Ich hoffe es. Indem er meine Hand nahm, zeigte er mir, was eine Berührung ausmachen kann, welch verbindende Kraft der menschlichen Hand innewohnt. Ich ahnte nicht, während ich dort im Bett lag, dass ich in den kommenden Jahren immer wieder an ihn denken würde. Als mein Sohn als Vierjähriger mit Meningitis ins Krankenhaus kam, langte ich zwischen den Körpern der behandelnden Ärzte hindurch und umfasste seine schlaffe, fieberglühende Hand mit meinen beiden. Als meine Jüngste in den Wellen des Mittelmeers verschwand und ich ihr nachspringen und sie herauftauchen und am Strand an den Füßen hochhalten musste, um ihre Lunge von Wasser zu leeren, saßen wir anschließend im Sand, sie und ich, in Handtücher gewickelt, und lauschten dem nach, was beinahe passiert wäre, ihre kleinen Finger mit meinen verschränkt. Wenn der Hautausschlag meine mittlere Tochter so quälte, dass sie die Nacht hindurch schrie und sich wand, drückte ich meine Hände auf ihre, um sie vom Kratzen abzuhalten, sie zurückzulotsen in den Schlaf.

Die Menschen, von denen wir lernen, nehmen einen besonderen Platz in unserer Erinnerung ein. Ich war keine zehn Minuten Mutter, als der Mann zu mir kam, aber er lehrte mich mit einer einzigen kleinen Geste das fast Wichtigste am Elternsein: Zugewandtheit, Intuition, Berührung, und dass man oft nicht einmal Worte braucht.

Baby und Blutbahn

2005

»Da können Sie nichts dafür«, sagt die Schwester. »Das liegt nicht an Ihnen.«

Ich schweige. Es war mir nicht in den Kopf gekommen, dass es an mir liegen könnte. Ich blicke wieder auf das Bild meines Kindes auf dem Monitor. Da sitzt es. Aufrecht in seiner dunklen Höhle, als würde es auf etwas warten, wie ein kleiner Musterschüler.

Wenn ich ganz gerade sitze, scheint es zu sagen, dann merkt vielleicht keiner was.

Ich weiß, was auf der Aufnahme zu sehen sein müsste, schließlich bin ich schon zum zweiten Mal schwanger. Ich weiß, dass sie den Herzschlag zeigen sollte, blinkend wie ein Blaulicht. Als der Radiologe sagt, es tut ihm leid, aber das Kind ist tot, weiß ich im Prinzip schon Bescheid. Dennoch starre ich unverändert auf den Bildschirm, weil ein ganz schwacher, zusammengekauerter Teil von mir hofft, dass ein Irrtum vorliegt, dass der Herzschlag doch noch lospulst, dass die Sonde weitergleitet und ihn aufspürt.

Ich kann den Blick nicht vom Bildschirm wenden, selbst

als der Radiologe wieder anfängt zu sprechen, selbst als mir gesagt wird, dass ich von der Liege steigen und mich anziehen kann. Ich will das Bild dieser winzigen, geisterblassen Gestalt in meine Netzhaut einbrennen. Ich will ihr einen Platz in meinem Gedächtnis sichern, zur Erinnerung an ihr Leben, so kurz es auch war.

Man führt uns in einen Raum. Er liegt am Ende eines Korridors, hinter einer Ecke, weitab von der Schwangerenambulanz und all den anderen Frauen, die auf ihren Ultraschall warten.

Der Raum hat Vorhänge. Auf den Stühlen liegen Kissen. Auf einem Tisch ist ein großes, in Leder gebundenes Buch ausgelegt. »Buch des Gedenkens« steht auf dem Schild darüber.

»Der Hinterbliebenenraum«, murmelt Will, den Blick aus dem Fenster gerichtet und dann auf die Diagramme an den Wänden. Und ich nicke. Ich kann nicht aufhören zu weinen, was merkwürdig ist, denn normalerweise kann ich das, wenn ich muss. Ich sitze auf der vordersten Stuhlkante und sage mir, Schluss jetzt, reiß dich zusammen, aber es nützt nichts. Will reicht mir aus irgendwelchen Gründen ein Kissen, und ich nehme es. Ich halte es auf den Knien, vorsichtig, pflichtbewusst. Es liegt nicht an Ihnen.

Die Schwester kommt herein. Sie schließt die Tür übertrieben sachte, als könnte das Geräusch zu viel für uns sein.

»So etwas nennen wir einen verhaltenen Abort«, sagt sie, »bei dem der Fötus stirbt, aber nicht ausgestoßen wird.«

Ich nicke wieder, mehrmals; sprechen kann ich immer noch nicht. Ich denke bei mir, dass der Ausdruck *verhaltener Abort* im Grunde grotesk ist. Ich frage mich, wie viel Übung dazugehören mag, ihn so neutral zu gebrauchen. Verhaltener Abort – meine Assoziation wäre jedes Mal »stilles Örtchen«. Mich fasst eine flüchtige, sinnlose Erleichterung darüber, dass ich nicht in der Mutterschaftsvorsorge arbeite, dass ich nie diesen Berufsweg eingeschlagen habe. Was für eine grauenvolle Vorstellung, man müsste mit einem Kichern kämpfen, während man eine solche Nachricht überbringt. Fast spreche ich es aus, lobe die Schwester dafür, wie würdevoll und elegant sie ihre Aufgabe bewältigt. Dann sage ich mir, gerade noch rechtzeitig, dass das vielleicht nicht ganz passend wäre.

Ich habe drei Optionen, klärt sie mich auf. Ich kann mich für eine Ausschabung mit Vollnarkose entscheiden. Ich kann heimgehen und abwarten, ob es auf natürlichem Wege ...

»Das«, sage ich und hebe den Kopf. »Das mache ich.«

Etwa jede fünfte Schwangerschaft endet mit einer Fehlgeburt; bis zu fünfundsiebzig Prozent dieser Fehlgeburten treten im ersten Schwangerschaftsdrittel auf.[*] Das Risiko, das Kind zu verlieren, beträgt damit während der ersten zwölf Wochen fünfzehn Prozent. Eine von hundert Frauen hat mehr als eine Fehlgeburt; ein Drittel der Frauen in Großbritannien, die im Anschluss an Fehlgeburten in Spe-

---

[*] Fehlgeburtenstatistik, Tommy's, tommys.org.

zialkliniken behandelt werden, leiden an klinischer Depression.

Wir alle, denke ich, kennen diese Statistiken oder sind uns ihrer zumindest vage bewusst. Wir wissen, dass die Fehlgeburt immer eine Gefahr ist, dass sie uns hinterrücks ereilen kann, so unentrinnbar wie das geflügelte Gespann, in dem in Andrew Marvells Gedicht die Zeit heranjagt.

Darum ist es ja auch üblich, eine Schwangerschaft so lange zu verschweigen, bis die magische Zwölf-Wochen-Schwelle überschritten ist und man mit seinem Schwarz-Weiß-Bild in der Hand vom Ultraschalltermin kommt. Erst dann darf man den Freunden Bescheid sagen, den Schwiegereltern, dem Arbeitgeber; erst dann darf man losziehen und bügellose BHs und Stretchtops kaufen; erst dann kann man ungehemmt die Röhrchen mit den Vitaminpillen im Haus herumliegen lassen; erst dann rufen die Verwandten an und schlagen die Namen irgendwelcher Ahnen vor, bestehen darauf, dass ein Guinness täglich die Milchproduktion anregt, und nötigen einem Strickmäntelchen auf, die brettsteif sind vor Alter.

Mir war diese Heimlichtuerei um den Beginn einer Schwangerschaft immer fremd. Nicht dass ich die Nachricht groß herausposaunen muss, aber schwanger zu sein, ganz gleich in welchem Stadium, ist eine so einschneidende, lebensverändernde Sache, dass es mir nur natürlich erscheint, die Nächsten daran teilhaben zu lassen. Selbst wenn es schlecht ausgeht und die Schwangerschaft vorzeitig endet – sollten das die engsten Freunde und Angehörigen nicht wissen? Bei wem sonst will man in so einer Zeit

Trost suchen? Wie sonst soll man das plötzliche Unglück erklären, die versteinerte Miene, die Tränen?

Denn ein Kind zu verlieren, einen Embryo, ein Baby, ein Leben, und sei es zu einem noch so frühen Zeitpunkt, ist ein Schock wie kein zweiter. Mit dem Verstand weißt du, dass die Möglichkeit besteht; sobald sich der Streifen auf dem Teststäbchen zeigt, hältst du tagtäglich nach den verräterischen Blutschlieren Ausschau, zwingst dich, mit dem Schlimmsten zu rechnen, ermahnst dich dazu, deine Erwartungen zu dämpfen, dir nicht zu viel zu versprechen, vernünftig zu sein, rational, ausgeglichen. Aber in Mäßigung warst du noch nie gut, und außerdem singt deine Biologie, dein Körper ein anderes Lied, eine ablenkende, schwelgerische, ausgelassene Melodie. Dein Blut strömt stärker durch die Adern, deine Brüste gehen auf wie Hefeteig und schwellen aus dem BH. Dein Herz schlägt kraftvoller, dein Appetit hört den Weckruf und reagiert auf den neuen Bedarf, weshalb du dich um Mitternacht in der Küche wiederfindest, wo du dir Cracker und Fischpaste auf den Teller lädst, Grapefruit und Halloumi.

Deine Fantasie hält mit deinem überbordenden Körper Schritt: Du stellst dir ein Mädchen vor, einen Jungen, vielleicht Zwillinge, weil es in deiner Familie viele Zwillinge gibt, eineiige und zweieiige – dein eigener Vater ist ein Zwilling. Es wird blond sein, es wird dunkelhaarig sein, kastanienbraun, lockig. Es wird groß sein, es wird klein und zierlich sein. Es wird wie sein Vater aussehen, wie du, wie sein Bruder, eine Mischung aus euch allen dreien. Es wird Freude am Malen haben, am Stabhochspringen, an Eisenbahnzügen, Katzen, Pfützen, Sandkisten, Fahrrädern, Stöcken, Bauklötzen. Du wirst mit ihm schwimmen gehen, du wirst mit ihm Laub rechen und Herbstfeuer machen, du wirst es an der Strandpromenade entlangschieben, du wirst es in das Körbchen betten, in dem früher sein Bruder lag. Du sagst dir, dass es töricht wäre, schon jetzt Dinge zu kaufen, aber dann siehst du in einem Geschäft ein Strickhäschen aus weicher blauer Wolle, mit einem gelben Band und einem verdutzten, fragenden Ausdruck im Gesicht. Du hältst inne, zögerst, streckst die Hand danach aus. Schnell, als gerade keiner hinguckt. Du stellst dir vor, wie du dieses Häschen in das Gitterbett im Krankenhaus setzt, zur Gesellschaft für dein Kind. Und natürlich gehst du damit zur Kasse, schiebst das Geld dafür hin, hastig, verstohlen. Trägst es nach Hause, schlägst es in Seidenpapier ein und versteckst es ganz hinten in einer Schublade. Wenn du allein bist, holst du es heraus und schaust es an.

Du blätterst in Namensbüchern und überlegst: Sylvie, Astrid, Lachlan, Isaac, Rafael? Wer wird es sein? Wer ist da im Anmarsch?

Wenn es dann passiert – und es wird dir im Lauf der Jahre mehrmals passieren –, trifft es dich jedes Mal mit der gleichen vernichtenden Wucht. Auf der Ultraschallliege wird dein Blick starr auf die Gesichter der Radiologen gerichtet sein, während sie den Bildschirm studieren, und du wirst den Ausdruck zu erkennen lernen – eine minimale Verdüsterung, ein Stirnrunzeln, dieses ganz eigene, belastete Zögern –, und du wirst, ehe sie noch etwas sagen, wissen, dass es auch diesmal schiefgegangen ist.

Es wird schwer sein, jedes Mal wieder, nicht auf die zersetzenden inneren Stimmen zu hören. Dein Körper versagt bei dieser natürlichsten aller Funktionen, nicht einmal einen Fötus kannst du am Leben erhalten, du bist nutzlos, als Mutter schon gescheitert, bevor du überhaupt Mutter geworden bist.

Hör gar nicht hin, versuchst du dir zu sagen. Es liegt nicht an dir.

Aus irgendeinem Grund folgt dein Körper nicht dem normalen Ablauf (nicht mal das kannst du!, zischeln die bösen Stimmen. Nicht mal eine Fehlgeburt kriegst du hin!). Die Botschaft, dass es aus und vorbei ist, kommt in deinem System nicht an. Deine Hormone schwelgen fröhlich weiter. Deshalb gibt es bei dir keine Blutungen, keinerlei Hinweis auf das Absterben des Fötus. Du erfährst es erst durch den Ultraschall. Du läufst als Schwangere herum, fühlst dich so, siehst so aus, aber das Baby ist tot. Manchmal macht dich dieses physiologische Unvermögen, dem Tod des Kindes Rechnung zu tragen, rasend, gibt dir den Rest; dann wieder scheint es dir nur gesund und richtig. Warum aufgeben, sagt dein Körper, warum loslassen, warum dieses Ende einfach hinnehmen?

Und darum musst du nach dem entsetzlichen Moment im Dunkel der Ultraschallkabine immer irgendwo sitzen und warten, bis jemand kommt, um mit dir zu besprechen, »wie es jetzt weitergeht«. Manchmal an einem akzeptablen Ort wie dem Hinterbliebenenraum, manchmal woanders. Einmal schickt man dich zurück in den Vorraum, wo die ganzen anderen Schwangeren auf ihre Untersuchung warten, und sie beäugen dich beklommen und eingeschüchtert, während du dir mit zusammengebissenen Zähnen das Gesicht in die Hände drückst. Sie wagen sich nicht in deine Nähe, als könnte das, was du hast, ansteckend sein, weshalb du isoliert sitzt, in einer Reihe von Plastikstühlen ganz für dich allein. Ein andermal wirst du in eine Kabine geführt, die du augenblicklich als Gebärraum erkennst: das Bett noch zerwühlt, an den Wänden Blutspritzer, die Luft erfüllt von Schreien und gutem Zureden, dem plötzlichen Quäken Neugeborener. Fassungslos sitzt du da und lauschst, während die Frau in der Nachbarkabine auf die Pressphase zusteuert. Du schickst eine wirre SMS an deine Freundin: *Keine Herztöne*, schreibst du, *und rate, wo ich diesmal warten darf: im Kreißsaal*. Sie schreibt zurück: *Geh einfach, komm runter auf die Straße, ich hol dich ab*.

Du gehst tatsächlich. Die Krankenschwester versucht dich aufzuhalten, aber du kümmerst dich nicht um sie. Du hast das schon oft genug durchgemacht, um bestens zu wissen, wie »es weitergeht«. Auf dem Weg die Treppe hinunter, fort vom Ultraschallraum, merkst du mit jedem Schritt, wie sich das Bild, die Idee deines Kindes immer mehr verflüchtigt. Du spürst, wie seine Finger loslassen, sich aus deinen flechten. Seine Körperlichkeit verfliegt, löst sich auf wie Nebel. Dahin das Kind mit dem blonden, braunen oder roten Haar; dahin der Mensch, der es hätte sein, die Kinder, die es einmal hätte bekommen können. Dahin diese einzigartige Mischung aus deinen Genen und denen deines Mannes. Dahin der kleine Bruder oder die kleine Schwester, die du dir für deinen Sohn gewünscht hast. Dahin auch das Häschen in seinem Nest aus Seidenpapier, in die hinterste Ecke eines Schranks verbannt, weil du dich nicht dazu bringen kannst, es wegzuwerfen oder fortzugeben. Dahin deine Pläne und Hoffnungen für das nächste Jahr. Statt eines Babys wird es nun kein Baby geben.

Du musst dich auf die neue Aussicht einstellen. Du musst unter all das einen Schlussstrich ziehen. Du musst dich irgendwie über den Geburtstermin hinwegretten. An diesem Tag wird dir alles leer vorkommen: dein Körper, deine Arme, dein Haus. Du musst mit den Briefen von der Geburtsvorbereitung umgehen, die trotz allem immer weiter eintreffen. Du musst sie von der Fußmatte aufheben und vor dir selbst so tun, als hättest du sie nicht gesehen, als wüsstest du nicht, was du in der Hand hältst. Du reißt sie in viele dünne Streifen und wirfst sie in den Abfall.

Du musst zuschauen, wie dein Körper den Rückwärtsgang einlegt, die Entwicklung umkehrt: Die Übelkeit lässt nach, deine Brüste schrumpfen wieder, dein Bauch flacht ab, der Appetit vergeht.

Bei diesem ersten Mal wirst du eine Vollnarkose bekommen und bewusstlos sein, während der Fötus abgesaugt wird. Bei allen späteren Gelegenheiten wirst du ins Krankenhaus gehen, die geburtseinleitenden Medikamente nehmen, die Schmerzmittel verweigern, weil du das Gefühl hast, den Schmerz zu brauchen, das Ziehen, das Unwohlsein, die reißenden Krämpfe; es scheint dir wichtig, das zu durchleiden, dieses Ende zu erleben, diese Abspaltung. Jedes Mal wirst du darauf bestehen, den Fötus ausgehändigt zu bekommen, ihn mit nach Hause nehmen zu dürfen. Das stößt immer auf Befremden, egal, wo, in welcher Stadt. Ein Arzt sagt dir, du kannst ihn nicht haben, weil er »ihn braucht«.

Du starrst ihn einen Moment lang an, fragst dich, ob er das wirklich gesagt haben kann oder ob es nur Einbildung war. »*Ich* brauche ihn«, sagst du.

»Nein, tun Sie nicht«, sagt er und schüttelt den Kopf.

»Aber er gehört mir«, sagst du leise und drohend und ballst die Hände zu Fäusten.

Deine Schwester, die diesen ganzen langen Tag an deiner Seite war und die nur zu gut weiß, was jetzt gleich kommt (»Provoziert sie nicht«), steht von ihrem Stuhl auf und zieht den Arzt hinaus auf den Gang. Was sie zu ihm sagt, hörst du nicht, aber sie kehrt mit einem traurigen kleinen Päckchen zurück und gibt es dir.

Gar nicht so wenige Menschen vertreten die Meinung, dass eine Fehlgeburt keine große Sache ist, dass man sie als Frau einfach wegstecken und mit seinem Leben weitermachen sollte. Eine starke Periode, viel mehr ist das doch nicht, bekam eine Freundin kühl von ihrer Schwiegermutter gesagt.

Darauf erwidere ich: Warum? Warum sollen wir weitermachen, als wäre nichts geschehen? Es ist nichts Alltägliches. Ein Leben zu empfangen und dann zu verlieren ist alles andere als alltäglich. Ein solches Hinscheiden sollte vermerkt werden, beachtet, es sollte den Respekt erhalten, der ihm gebührt. Schließlich ist es ein Leben, ganz gleich, wie klein, wie unentwickelt. Es ist eine Ansammlung von Zellen, von dir und, in den meisten Fällen, einer Person, die du liebst. Sicher, es passiert jeden Tag weit Schlimmeres; kein Mensch bei klarem Verstand würde das leugnen. Aber wenn wir eine Fehlgeburt als trivial abtun, als Bagatelle, über die man am besten locker hinweggeht, erweisen wir damit weder uns einen Dienst noch unseren Kindern, den geborenen so wenig wie jenen, die nur im Mutterleib gelebt haben, den Wesen, die wir uns während der kurzen Schwangerschaft vorgestellt haben, diesen Geisterkindern, die noch immer in unseren Köpfen spuken: den vielen, die nie zur Welt kommen durften.

Exakt in der Woche, in der eines meiner fehlgeborenen Kinder seinen Geburtstermin gehabt hätte, stieß ich in Hilary Mantels Autobiografie *Von Geist und Geistern* auf folgende Passage:

> [Das Leben von Kindern] beginnt lange vor ihrer Geburt, lange vor ihrer Empfängnis, und wenn sie abgetrieben werden oder einer Fehlgeburt zum Opfer fallen oder einfach nie verwirklicht wurden, werden sie Geister in unserem Leben. [...] Die Ungeborenen, ob sie schon einen Namen haben oder nicht, ob sie bereits zur Kenntnis genommen wurden oder nicht, haben eine Art, sich zu behaupten: eine Art, ihre Anwesenheit spürbar zu machen.

Wenn jemand mich fragen würde, könnte ich ihm aus dem Stand sagen, wie alt jedes meiner fehlgeborenen Kinder in diesem Moment wäre, hätte es denn leben dürfen. Ist das pervers? Ist das makaber? Ich habe keine Ahnung. Es ist kein Wissen, mit dem ich freizügig umgehe. Die Frage ist mir nie gestellt worden und wird es vermutlich auch nie – Fehlgeburten sind nach wie vor ein Tabuthema, um das Frauen einen Bogen machen, bei dem sie wenig preisgeben, wenig nachhaken. Ich kann die Male, die ich mit Freundinnen darüber gesprochen habe, an einer Hand abzählen, was seltsam ist, wenn man bedenkt, wie viele von uns betroffen sind.

Warum reden wir nicht öfter darüber? Weil es zu privat ist, zu intim, zu tief unter die Haut geht. Es sind Menschen, Wesen, Geister, die nie Luft geatmet, nie das Licht gesehen haben. So unsichtbar, ungreifbar, dass unsere Sprache nicht einmal ein Wort für sie kennt.

Bei diesem ersten Mal – bei dem ich nicht ahne, mir nicht träumen lasse, dass es nicht das letzte sein wird – verlasse ich den Hinterbliebenenraum. Ich fahre heim. Ich kaufe unterwegs Schmerzmittel; die Schwester meinte, ich werde welche brauchen. Außerdem brauche ich Wochenbetteinlagen, und mir wird klar, während Will und ich durch die Gänge des riesigen Drogeriemarkts in einem stadtnahen Einkaufszentrum irren, dass sie in der Mutter-Kind-Abteilung zu finden sein werden.

Abrupt bleibe ich stehen. Gleich neben uns ist ein Ständer mit künstlichen Wimpern.

»Was ist?« Will fasst nach meiner Hand. »Geht's dir nicht gut?«

In möglichst knappen Worten erkläre ich ihm das mit der Mutter-Kind-Abteilung. Ich zeige darauf. Sie ist mit dem

Bild eines Krabbelkindes mit voluminöser Windel ausgeschildert, das sich umdreht und in die Kamera lacht.

Wir lassen die künstlichen Wimpern hinter uns und treten den Weg über den gefliesten Boden an. Ich schalte meinen Sehsinn aus. Ich sehe nicht die Strampelanzüge, nicht die Windeln, nicht die Reihen von Gläschen mit Babynahrung, die Wickelcremes, die fluffigen Wattebäusche, die Stilleinlagen, die Packungen mit Milchersatz, die Fläschchen, die Sterilisierapparate für Mikrowelle und Herd, heute im Sonderangebot, die Frau mit dem winzigen Menschlein in einer Schlinge. Ich sehe sie nicht, sage ich mir. Es gibt nichts zu sehen.

Mein Sohn reiht Autos auf dem schmalen Fensterbrett auf, als ich heimkomme.

»Na, du?«, sage ich.

Er schaut nicht auf von seinem Spiel, aber er lächelt ein bisschen und flüstert: »Mama.« Mit Begrüßung und Abschied hat er's nicht so. »Pakpatz«, sagt er stattdessen. Er schiebt ein Auto zwischen zwei andere.

»Sehr gut«, sage ich. Ich sehe ihn an. Ich starre auf ihn hinunter. Ich kann den Blick nicht losreißen von ihm. Die Rille in seinem Nacken, die Grübchen über den Fingerknöcheln, der Haarwirbel ganz oben auf seinem Kopf. Alles an ihm erscheint mir wie ein Wunder.

»Wast du?« Er heftet seinen festen Kinderblick auf mich.

»In der Klinik«, sage ich. »Aber jetzt bin ich wieder da.«

Er schaut mich noch immer an, unverwandt, ein gelbes Auto in der Hand. Aber mehr fragt er nicht.

Ich gehe ins Schlafzimmer und häufe sämtliche Umstandskleider aus dem Schrank auf dem Boden auf. Ich ziehe die Sachen aus, die ich trage, und werfe sie mit dazu. Ich versuche sie zu sortieren, sie zusammenzulegen, einen Stapel mit Oberteilen aufzuschichten, einen mit Hosen, aber ich weine schon wieder und zittere, weil es kalt im Zimmer ist. Alles ist verwurstelt, Pulloverärmel schlingen sich um Rocksäume, Hosenbeine sind nach außen gestülpt, BHs in T-Shirts verhakt. Ich schleudere den ganzen Wust durchs Zimmer, an die Wand.

Will kommt herein. Er ist mitten im Satz, bricht aber ab.

»Kannst du bitte«, kreische ich, zum ersten Mal an diesem Tag erhebe ich die Stimme, und es tut erstaunlich gut, »einen Pappkarton holen und alles da reinpacken?«

Er geht ums Bett herum und betrachtet die verstreuten Kleider. »Was ist das?«, fragt er.

»Meine Umstandskleider. Ich will sie weghaben.«

Ich laufe durchs Haus und raffe alles zusammen, was mit Babys zu tun hat. Eine Creme gegen Schwangerschaftsstreifen, die im Bad liegt, Bücher auf einem Regal, eine Flasche mit Folsäuretabletten, die Krankenhausbriefe mit den Untersuchungsterminen, die Glückwunschkarten von Freunden mit ihren Bildern von Kinderwagen, Störchen, Babyschuhen. Ich stopfe es alles in den Karton, den Will neben das Bett gestellt hat. Ich drücke den Deckel darauf. Ich klebe ihn zu.

Bin ich noch schwanger, wenn das Kind in mir tot ist? Das frage ich mich, während ich meinen Sohn auf der Schaukel anschubse. Es ist kalt heute. Ich habe ihm Fäustlinge angezogen, eine Mütze, den dazupassenden Schal, dicke Wollsocken, Gummistiefel. Er schwingt auf mich zu, schwingt wieder fort von mir, auf mich zu, von mir fort. Eine Schleppe weißlichen Atems dampft aus seinem Mund.

Zählt es noch? Du hast ein Kind im Bauch, sage ich mir, aber es ist tot. Tot, aber in dir drin. Ich stelle mir vor, wie es sich mit den Fingerspitzen an den Seiten festkrallt, diesen elastischen, samtigen Wänden, sich weigert loszulassen. Ich wünsche es fort aus mir, mit all meiner Kraft. Will mit all meiner Kraft, dass es bleibt.

Eine Frau hebt ein Kind, ein Stück älter als meins, auf die Nachbarschaukel. Sie lächelt mir zu, und ich lächle zurück. Dann richtet sie sich auf, und ich sehe ihren gewölbten Bauch, sehe, wie ihre Kleider spannen. Achter Monat mindestens, eher neunter. In einem Monat wird sie ein Baby haben, es wird außerhalb ihres Körpers sein und atmen.

Sie steht auf der anderen Seite der Schaukel, und erst als sie anfängt, das Brett anzuschieben, fällt mein Blick auf den Kinderwagen hinter ihr, einen Doppelkinderwagen mit Zwillingen darin, und als mir klar wird, dass ich umringt bin von Kindern, Kindern, die alle ihr gehören, zuckt ein so glühender Hass in mir auf, dass ich mich beschämt abwende.

»Was sollen wir mit ihm machen, meinst du?«, frage ich Will an diesem Abend.

Er liegt auf der Couch und liest Zeitung. »Hmm?«, murmelt er, hört aber nicht auf zu lesen, also gehe ich hin und baue mich vor ihm auf.

»Ich weiß nicht, was mit ihm werden soll«, sage ich, »wenn es rauskommt. Wann immer das ist.«

Er schaut zu mir hoch.

»Ich möchte es nicht begraben, wir werden hier ja nicht wohnen bleiben. Ich meine, stell dir vor, es liegt allein hier, in dieser Stadt, da draußen im Garten, während wir irgendwo anders hinziehen. Das will ich nicht, das will ich auf gar keinen Fall. Das fände ich furchtbar, ich könnte es nicht.« Ich rede viel zu schnell, aber ich kann mich nicht bremsen. »Deshalb weiß ich nicht, was mit ihm werden soll. Was denkst du?«

Will schaut mich immer noch an. Seine Hände zerknicken die Ränder der Zeitung. »Ähm«, sagt er.

»Ich habe im Internet geschaut«, sage ich. »Da gibt es diese ganzen Selbsthilfegruppen, Chatrooms, für Leute, die ... Leute, die ihr ... Leute in unserer Lage.«

»Im Ernst?«

»Ja.«

Will weiß nichts davon, aber wenn er schon schläft, treibe ich mich viel in dem unwirklichen Zwielicht dieser Seiten herum, auf denen Fremde ihre innerste Seelenpein in seltsame Kürzel kleiden, die Morsezeichen der Verzweifelten. »JIH« steht für »Jetzt im Himmel«, was mir klanglich wie inhaltlich gleich fragwürdig scheint. »GT« heißt »geliebte Tochter«, »GP« »geliebter Partner«. Man kann virtuelle Umarmungen senden, indem man jemandes Namen in Klammern setzt – je mehr Klammern, desto inniger die Umarmung. Man kann sich auf einer Liste eintragen, mitsamt der Anzahl von Fehlgeburten und der jeweiligen

Schwangerschaftswoche. Man kann süßliche Animationen schwebender Babys mit Glitzerflügeln in den Bildschirmhimmel auffahren lassen. Ich poste nie etwas und fühle mich zutiefst unwohl beim Lesen, aber gleichzeitig bin ich fasziniert davon, außerstande wegzuschauen, und so gehen die dunklen, schlaflosen Stunden meiner Nächte dahin, indem ich mich durch den Herzschmerz von Leuten scrolle, die ich nicht kenne und nie kennenlernen werde.

»Diese eine Frau«, sage ich, »hat die Asche mit Blumenerde vermischt und damit einen Topf bepflanzt.«

Will legt die Zeitung weg, schüttelt ganz leicht den Kopf, reibt sich über die Stirn.

»Das würde ich nicht wollen«, sage ich schließlich. »Du?«

Er scheint unfähig, eine Antwort zu formulieren, unfähig, zu diesem Gespräch beizutragen, also drehe ich mich um und verziehe mich mit dem Telefon in das Kabuff, in dem die Waschmaschine schwappt und schmatzt, und wähle in dem Halbdunkel dort die Nummer meiner Freundin.

»Ich weiß nicht, was ich mit ihm machen soll«, sage ich, »wenn es rauskommt.«

Ich kann hören, wie sie ihre Erwiderung abwägt. Sie ist Ärztin. Sie hat doppelt so lange studiert wie ich. Sie hat einen Titel. Sie rettet jeden Tag Leben. Sie kennt sich aus.

»Du musst es herausholen lassen«, sagt sie mit sanfter, sachlicher Stimme. Ich frage mich, ob das der Ton ist, den sie bei ihren Patienten anschlägt, wenn sie ihnen ungünstige Untersuchungsergebnisse oder erschreckende Nachrichten beibringen muss. »Es ist ein ganz simpler Eingriff. Du bekommst eine Vollnarkose, und wenn du aufwachst, ist alles vorüber. Ruf an und mach einen Termin. Gleich morgen.«

»Ganz sicherlich nicht«, sage ich.

In der Waschmaschine purzeln die Kleider übereinander. Ich sehe, wie das Lieblings-T-Shirt meines Sohnes den Ärmel nach einem Nachthemdsaum ausstreckt.

»Wie lange soll das noch so gehen?«, fragt sie darauf. »Das tut dir nicht gut, dieses endlose Gewarte. Ganz abgesehen davon, dass es gefährlich ist. Die dürften«, murmelt sie, fast mehr zu sich selbst, »dich überhaupt nicht so rumlaufen lassen.«

»Gefährlich?«, wiederhole ich, und meine Stimme wird schrill. »Wieso denn gefährlich? Das Kind ist tot, was soll da noch ...«

»Für dich, meine ich.«

»Für mich?«

»Ja. Haben sie dir das nicht gesagt?«

Ich stoße die Tür einen Spalt auf und schaue hinüber ins Kinderzimmer. Es ist dunkel hinter der Türöffnung, still. »Nein.« Ich halte die Türkante mit dem Fuß, den Blick in den weichen Dämmer gerichtet, in dem mein Sohn liegt. »Wieso?«

»Es besteht ein Entzündungsrisiko, wenn es zu lange in dir drinbleibt. Und zwar ein wachsendes. Sieh's doch mal logisch. Es ist unnormal, wie lange sich dein Körper jetzt schon daran fest–«

»Unnormal?«

Sie seufzt. »Ich weiß nicht, warum das passiert ist. Warum das Kind nicht überlebt hat, warum dein Körper es nicht ausstößt, warum es nicht loslässt, aber so etwas kommt eben vor. In seltenen Fällen. Du wirst den Grund wahrscheinlich nie erfahren. Aber jetzt geht es erst mal um deine eigene Sicherheit.«

Ich schubse die Tür mit der Fußspitze von mir weg und lasse sie zurückschwingen, wieder weg, wieder zurück. Ich sage nichts, sondern schiebe nur die Waschmittelflaschen auf dem Regal hin und her, versuche hinter dem Bullauge das T-Shirt meines Sohnes vorbeiwirbeln zu sehen.

Sie redet wieder mit dieser ruhigen Stimme. »Wenn es in zwei Tagen nicht draußen ist, melde *ich* dich an.«

Wir fahren an den Strand. Die See schimmert in stumpfem Silber unter einem blau lasierten Himmel. An den Horizont ist eine einzelne Wolke getupft, ein Puschel aus Weiß. Mein Sohn rennt im Kreis, in einer Hand einen Eimer, in der anderen ein Stück Holz. Die Wintersonne steht so tief, dass ich meine Augen abschirmen muss.

Ich kehre dem grellen Licht den Rücken zu und knie mich hin, um meinem Sohn ein Loch zu graben. Löcher liebt er. Er stiefelt um mich herum durch den Sand, nie zu weit weg, wie angeleint, ein kleines Beiboot.

Ich grabe. Wasser suppt durch den Hosenstoff an meinen Knien. Die Plastikschaufel biegt sich durch, aber ich nehme die Finger zur Verstärkung. Irgendwo hinter mir höre ich Wills Handy schrillen und ihn sagen: »Ja? Wie geht's?«, während mein Sohn, ebenfalls hinter mir, etwas vor sich hin brummelt. Ich grabe tiefer und tiefer, bis dort unten Wasser glänzt und der Matsch, den meine Schaufel heraufbefördert, die Konsistenz von frischem Zement hat. Ich klatsche ihn auf den Sandhaufen neben mir, aber das Wort in meinem Kopf, das Wort, das ich denke, ist: Feder.

Denn so sah es aus, wie eine Feder. So gebogen und grauweiß und schwebend. Und während ich noch »Feder« denke, diese beiden gewichtlosen Silben, die hauchige Helle ihres Klangs, erscheint an meinem Ellbogen mein Sohn, in der Hand eine Feder.

Ich knie da, die Schaufel über dem Loch. Ich starre auf ihn.

»'sist das?«, fragt er.

Ich sehe sie an. Sie ist weiß, ihre Flaumränder kräuseln sich in der Brise, und er hält sie zwischen Daumen und Zeigefinger. Ich räuspere mich.

»Das ist eine Feder«, sage ich und schaue mich nach Will um. Komm her, will ich sagen. Weißt du, was passiert ist? Aber er steht drüben an der Mauer der Promenade, Telefon am Ohr; er stößt die Schuhspitzen in den Seetang und redet schwallweise.

»Fehwer«, wiederholt mein Sohn das neue Wort, mehrmals, wie immer: »Fehwer, Fehwer.«

»Ja«, sage ich, »Feder. Von einem Vogel. Weißt du, wenn sie fliegen, dann ...«

Aber das interessiert ihn schon nicht mehr. »Da«, sagt er, und ich nehme sie, die Feder. Ich bette sie in die hohle Hand.

Das Wort verkantet sich in meiner Kehle: »Danke.«

Mein Sohn, zielstrebig jetzt, hat andere Pläne. Er zeigt. »Meer«, sagt er und zieht an meiner Hand.

Wir gehen vor zum Wasser, wo die Wellen sich aufbäumen und auf den spiegelnden Sand herabstürzen. Mein Sohn ist gefesselt von den Abdrücken, die seine Gummistiefel hinterlassen. Ich wölbe beide Handflächen um die Feder. Mir ist zum Weinen, aber dann weine ich doch nicht.

Ich halte die Feder hoch, über meinen Kopf, und mein Sohn schaut in die Höhe. Ich öffne meinen Griff, lasse sie los. Ich rechne damit, dass sie kurz herumtanzt und dann zu Boden schaukelt, dass er das lustig finden wird, dass er sie wieder aufheben und sagen wird: Noch mal, noch mal. Aber sie fällt nicht. Sie steigt höher und höher, getragen, so scheint es, von nichts. Wir sehen ihr nach. Hoch und immer höher schwebt sie, direkt über unseren Köpfen, und dann ist sie fort.

Ich blicke zu ihm hinunter, auf sein zum Himmel emporgewandtes Gesicht, den in den roten Anorak eingemummelten Körper.

»Weg«, sagt er.

Ich nicke. Ich nehme ihn bei der Hand. Wir stapfen über den Strand zurück, und da kommt Will auf uns zu, wild winkend, als könnte ich ihn nicht sehen, als hätte er mich fern im Gedränge erspäht, in irgendeiner dunklen, wimmelnden Weite.

Lunge

2000

Ich schwimme im Indischen Ozean, gleich hinter den Brechern, Schultern und Kopf über Wasser. Das ist mein liebster Platz in den Wellen: draußen, wo sie sich auftürmen, noch vor dem chaotischen Donner der Entladung und doch nahe genug am Ufer, um vom Meer aus das Land im Blick zu haben.

Ich habe weite Teile meines Lebens in der Nähe des Meeres gelebt; ich spüre seinen Ruf, den Entzug, wenn ich nicht regelmäßig hinfahre, um an der See entlangzugehen, in sie einzutauchen, ihre Luft zu atmen. Ich mache Ausflüge zu allen Küsten, die von London aus erreichbar sind – zu den teefarbenen Wellen von Suffolk, den flachen, verschlammten Sandbänken von Essex, den kiesigen Hängen von Sussex. Ich bin seit meiner Kindheit im Meer geschwommen, sooft es nur ging, noch im kältesten Wasser.

Für mich geht ein großer Trost davon aus. Karen Blixen schreibt in ihren *Seven Gothic Tales*: »Ich weiß ein Mittel, das alles heilt: Salzwasser ... egal, in welcher Form. Schweiß oder Tränen oder die salzige See.«

Eines meiner Lieblingsbilderbücher als Kind handelte von einem kinderlosen Ehepaar in einer Fischerhütte auf den Äußeren Hebriden. Eines Tages findet der Mann am Strand ein kleines Kind, das die Wellen angespült haben, und bringt es seiner Frau. Sie wissen beide, dass es ein Selkie ist, ein Mischwesen aus Seehund und Mensch, und sie setzen alles daran, den Jungen vom Meer fernzuhalten, ihn in seiner menschlichen Gestalt festzubannen. Vergebens natürlich.

Ich konnte stundenlang in meinem Zimmer am Boden liegen und die Tuschzeichnungen von Felsen, Meereswogen und Stürmen betrachten, vor allem die Seite, auf der der Junge zurück ins Meer taucht und wieder zum Seehund wird. Etwas an der Idee des Selkie, an diesem Gestaltenwechsler mit zwei Existenzen, dem Kind, das sich nach Verwandlung sehnt (ein Motiv der irischen wie auch der schottischen Sagen), reizte meine Fantasie. Wann immer ich konnte, sprang ich ins Meer, ließ mich unter Wasser sinken und wartete auf meine Metamorphose, darauf, dass meine Gliedmaßen schrumpften, mein Haar verschwand, mir ein Seehundsfell wuchs. Enttäuscht und frustriert tauchte ich jedes Mal wieder auf, weiterhin gefangen in meiner Menschengestalt.

Die Bilder aus meinem Selkie-Buch fallen mir ein, während ich mich vom Indischen Ozean wiegen lasse. Die Vorstellung von Transformation, von Wandlung lockt mich noch immer. Dieses Wasser hier ist grün, mit weißen Sprenkeln darin. Es spannt sich unter mir, warm und geschmeidig. Es schrappt und schlurrt über die Kiesel am Ufer. Ich kann gezackte, braune Felsen sehen, ein Häufchen geflochtener Hütten, hohe, gelb blühende Bäume. Eine Reihe von Ziegen trippelt und glöckelt unter klagendem Meckern einen Pfad hinab, badende Frauen lassen sich ins Wasser sinken, ihre Saris zu leuchtenden, golddurchzogenen Fallschirmen gebläht. Ihr Gelächter schallt über die Brandung bis zu mir. Ein Stück weiter schrubben zwei Männer mit Besen einen Elefanten ab, und der Koloss überlässt sich genussvoll ihrer Behandlung, Augen geschlossen, die mächtigen gebeugten Knie von kleinen Wellen umspielt.

Ich schaukle mit dem Puls des Meeres. Ich warte, trete das Wasser zwischen Ozean und Brandung, lasse den Buckel einer Woge herandrängen, mich hochheben und unter mir hinwegrollen. Ich lege mich auf den Rücken, schaue hinauf in den unerbittlich blauen Himmel, denke, dass ich vielleicht zurückschwimmen sollte, denke, was wir als Nächstes besichtigen könnten, denke an den Yogakurs gestern, oben auf den Felsen in der Abenddämmerung, an die wohltönende Stimme des Lehrers, die uns, während wir vornübergeknickt dastanden und unsere Fußknöchel anstarrten, die Arme rückwärts ums Kreuzbein gelegt, versicherte, das alles »gehöre so«.

Dann merke ich plötzlich, wie ich seitwärts getragen werde, als würde ich im Schlafwagen fahren. Der Sog verschlankt sich, spitzt sich gleichsam zu, mit abrupter, zielgerichteter Kraft. Ich bringe mich gerade rechtzeitig in die Senkrechte, um den Strand von mir wegziehen zu sehen wie eine davongleitende Theaterkulisse. Zu diesem Zeitpunkt sorge ich mich nicht übermäßig. Das Meer ist unberechenbar, das weiß ich. Mir passiert schon nichts, oder? Das ist eine Brandungsrückströmung, sage ich mir, ein schmaler Strömungskanal hinaus aufs offene Meer. Ich bin noch nie in eine hineingeraten, aber gehört habe ich davon. In einer lang zurückliegenden Geografiestunde musste ich sogar einmal ein Diagramm davon aufmalen, mit verschiedenen Farben für die entgegengesetzten Fließrichtungen.

Ich sehe Will mit seinem aufgeschlagenen Buch auf dem Handtuch liegen. Ich sehe die Frauen mit ihren Saris. Ich sehe den Elefanten, der aufgestanden ist und Wasser in die Luft und über seine streifigen Flanken trompetet, sehe die beiden Wärter mit ihren Besen. All das davonziehend mit einer Geschwindigkeit, die ich nie für möglich gehalten hätte. Ich schwimme mit aller Kraft dagegen an, aber es reißt mich immer weiter vom Ufer fort, und meine Züge richten nichts aus. Etwas oder jemand scheint mich am Träger meines Bikinis festzuhalten wie an einer Angel, sich lustig zu machen über mein Gestrampel.

Dann erinnere ich mich, dass der Trick darin besteht, parallel zum Ufer zu schwimmen. Also gut. Ich drehe mich um neunzig Grad, und im selben Moment ertönt ein Brausen wie von einem Platzregen auf einem Blechdach. Ich wende den Kopf. Hinter mir bäumt sich eine Wasserwand auf, eine Welle, so hoch, wie ich noch nie eine gesehen habe, ihr Kamm ein kippendes weißes Schäumen. Mir bleibt keine Zeit aufzuschreien, um Hilfe zu rufen. Ich sehe die Welle, und eine Sekunde später ist sie schon über mir. Sie bricht über mich herein, sie packt mich, begräbt mich unter sich. Ihr muskulöser Griff wringt mich wie eine

Puppe, eine Marionette, strudelt mich hinein ins Auge ihres Sturms. Etwas in meinem Nacken drückt mich nach unten, und mir fällt der Schwimmlehrer in der Schule ein, der von mir wollte, dass ich tauchte – vom Beckenrand hineinsprang und mit dem Kopf die Wasseroberfläche durchstieß. Ich gab mir alle Mühe, aber ich konnte es nicht. Ich zappelte auf dem Wasser, Fäuste geballt, Füße an die nassen Kacheln gestemmt, während der Lehrer mich am Nacken hinunterdrückte. Es geht nicht, krächzte ich unter seiner Hand hervor, und er sah mich streng an und sagte: Geht nicht gibt's nicht, und ich weiß noch, wie perplex ich war, wie geplättet von der Schwachsinnigkeit dieser Aussage. Gibt's nicht? Und ob es das gab! Jeder konnte es sehen!

Ich überschlage mich in der Welle wie ein Akrobat, wie die heilige Katharina in ihrem Rad. Meine Füße werden nach oben gewirbelt, mein Torso nach unten, mein Schädel zerspringt fast von der Hitze, dem Druck. Etwas Hartes kracht mir gegen die Schläfe, vor meinen zugekniffenen, salzbrennenden Augen blitzen Technicolorstreifen. Der Lärm im Innern der Strömung ist unfassbar, ein tosendes, betäubendes Rumpeln von Wasser, Luft, Druck, Wucht.

Ich habe keine Ahnung, wo oben ist, welches die richtige Richtung ist, wie weit draußen ich bin, ob es mich zur Küste oder ins offene Meer spült. Ich rudere mit sämtlichen Gliedmaßen wie ein Astronaut im Weltraum, auf der Suche nach etwas Festem, einem Orientierungspunkt, nach Luft zum Atmen. Die Welle hält mich in ihrem Griff, zerrt mich vorwärts. Dann schrammen Steine meine Seite entlang. Ich werde über den Meeresboden geschleift wie über

Schmirgelpapier. Ich stemme mich mit Händen und Füßen dagegen, stoße mich ab, durchbreche die Oberfläche, keuchend, hustend, würgend.

Ich hebe den Kopf. Ich bin wieder hier, am Strand, in Indien, im knietiefen Wasser, zwischen Himmel und Meer, mitten in dem Leben, mit dem ich schon abgeschlossen hatte – und fast keine Zeit ist vergangen. Es ist, als wäre ich durch einen Spalt geschlüpft, wie ein Mensch, den die Elfen geraubt haben; als wäre ich jahrelang fort gewesen und merkte bei der Rückkehr, dass während meiner Abwesenheit alles stillgestanden hat. Ich krieche durch die Brandung, spucke Wasser aus, streiche mir die nassen Zotteln aus den Augen.

Die Szene ist ganz und gar unverändert. Wie Brueghels Ikarus, der am äußersten Rand des Gemäldes in die Wogen stürzt, sind auch ich und mein Missgeschick unbemerkt geblieben. Alles ist wie zuvor: die Frauen im Meer, die Ziegen, die sich ihren Weg die brandgelben Felsen hinab suchen, der Elefant, der jetzt über den Strand weggeführt wird.

Ich versuche aufzustehen, aber noch fehlt mir die Kraft dazu, also knie ich im Flachwasser und lasse harmlose kleine Wellen an mir vorbeiwippen, hin und wieder zurück. Ich zupfe meinen Bikini zurecht, schaue den Kräuseln zu, wie sie das Blut von meiner Haut lecken und wegtragen, als hätten sie etwas damit vor. Ich blicke um mich, auf die Mimosenbäume, die den Boden mit ihrem gelben Staub beschneien, auf eine Zirruswolke mit schimmrigem Fransensaum, auf die Vierecke der leeren Handtücher im Sand, deren scharf umrissene Röte vor dem ockerbraunen Grund pulsiert.

Mir wird bewusst, dass dies einer jener Zustände ist, die mich seit meiner Kindheit immer wieder überkommen. Sie haben die ganze Schlagkraft und Surrealität eines Déjàvu, nur ohne das Moment der Voraussicht. Es ist, als hätte ich von einer Sekunde auf die andere mehrere Hautschichten eingebüßt, sodass die Welt nun nah und fühlbar ist wie sonst nie. Alles präsentiert sich in einer Grelle, einer Lautstärke, als wäre ein Regler verstellt worden. Die Leute auf dem Weg reden so gellend, dass ich mir die Ohren zuhalten möchte.

Mein erstes Erlebnis dieser Art hatte ich, als ich vielleicht fünf war. Es muss im Winter gewesen sein, weil ich blassrosa Mohairfäustlinge trug und dazu einen Wollmantel mit einem Kragen aus abgewetztem, verschossenem Samt. Die Handschuhe hingen an einem Gummiband, das hinten durch den Mantel gezogen war. (Meine Großmutter muss sie gestrickt haben, denke ich jetzt beim Schreiben, anders kann es kaum sein.) Ich wartete vor dem kleinen Laden bei uns im Ort, eine Hand um den hölzernen Türknauf gelegt, und ich schaukelte daran hin und her, ließ meine freie Hand gegen die andere schwingen und wieder wegfallen. Bei jedem Schwingen spürte ich, wie sich das Gummiband zwischen den Fäustlingen über meinem Rücken straffte.

Ich muss auf meine Mutter gewartet haben, die vermutlich drinnen einkaufte – das war Mitte der Siebzigerjahre, als noch niemand etwas dabei fand, ein kleines

Kind auf der Straße vor einem Laden sich selbst zu überlassen.

Jedenfalls verlagerte sich, während ich dort hin und her schwang, etwas in mir oder kam über mich, eine zusätzliche Dimension des Sehens. Ich erlebte eine plötzliche Neuausrichtung oder Gabelung meiner Sinne. Ich sah mich zugleich von hoch oben und von innen. Ich fühlte mich winzig, belanglos, ein zwergenhafter herumruckender Roboter in einer weiten Landschaft, und gleichzeitig nahm ich mich wie nie zuvor als Organismus wahr, als menschlicher Mikrokosmos. Ich spürte jede einzelne Masche meiner Fäustlinge, die sich in meine um den Türknauf gehakten Finger grub. Ich spürte die Maserung des Holzes unter diesen sich endlos ineinanderschlingenden Maschen. Ich hörte meine Haare an der Innenseite meiner Mütze knistern, fühlte die kalte Luft in mich hineinfahren und sich ihren Weg durch meinen Körper suchen, und ich sah sie in einem sichtbaren Strom wieder aus mir herausfahren. Ich begriff die Zeit als ein gewaltiges Kontinuum und meine eigene Spanne darin als kurz, unbedeutend. Ich wusste in diesem Moment, vielleicht zum ersten Mal, dass ich eines Tages sterben würde, dass irgendwann nichts mehr da sein würde von mir, meinen Fäustlingen, meinem Atem, meinen Locken, meiner Mütze. Diese Gewissheit hatte ich bis dahin noch nie empfunden. Mein Tod erschien mir wie eine Person, die dicht neben mir stand.

Etwas ganz Ähnliches ereignet sich nun, während ich an dem Strand in Indien im Wasser kauere, nur, wie jedes Mal, mit neuer Gewichtung. Es ist nicht die Ahnung meiner

Sterblichkeit, die in mir Kontur annimmt, stattdessen wird der Ort eins mit dem Gefühl, haarscharf entronnen zu sein, meinen Kopf einmal mehr aus der Schlinge gezogen zu haben. Meine Errettung aus den Fängen einer unkontrollierbaren Macht verschmilzt untrennbar mit den Mimosenbäumen, den Ziegen, der Welle, die mich erfasst hatte, der Zimtrinde mit ihrem brandigen Harzgeruch.

Ich taumle aus dem Ozean und schleppe mich über den Strand. Als Will mich sieht, mit meiner blutigen Stirn, meiner aufgeschürften Seite, springt er auf.

»Du liebe Güte«, sagt er, »was hat dich denn erwischt?«

»Das Meer«, sage ich unartikuliert und lasse mich auf den Boden fallen. »Eine Welle.«

»Schlimm?«

»Nein.« Ich fange an, mir mit einem Handtuchzipfel das Blut abzutupfen. »Alles gut.«

Kreislauf

1991

Ich streife über das abfallbestreute Gelände des Festivals. Abgerissene Melodien, Gesprächsfetzen, Kränze von ausgestoßenem Rauch winden sich um mich. Die Sonne steht tief am Himmel, aber ich spüre ihre Hitze noch auf meinen nackten Schultern, dem Nasenrücken, dem Halsansatz. Die ausgedörrte rissige Erde unter meinen Stiefeln vibriert von den stampfenden Bässen, die von einer der Bühnen herüberwehen.

Ich suche meine Freunde. Vor Monaten haben wir ausgemacht, dass wir uns hier treffen, auf dieser Wiese, an diesem Tag, zum Ende des Sommers. Damals schien uns das ein absolut realistischer Plan, keine große Sache, uns zu finden inmitten dieser Menschenmassen, dieser Essensstände, zwischen unzähligen Buden mit Batikkleidern, bestickten Taschen und handgestrickten Strümpfen.

Meine Freunde und ich waren lange voneinander getrennt, die ganzen Semesterferien hindurch. Ich habe in einem Kunstzentrum gejobbt, als Kartenabreißerin, Bierglaseinsammlerin, Mädchen für alles, in einem Dienst-

Sweatshirt von einem trüben Karottengelb. Als mein letzter Tag um war, habe ich das Teil zusammengeknüllt, es dem Hund hingeworfen, der eine streng verbotene, aber tiefe Leidenschaft für das Zerbeißen von Stoff hat, und mich nach Spanien abgesetzt.

Ich habe in Zügen geschlafen, bin in Felsgumpen geschwommen, habe Postkarten an meinen fernen Freund geschrieben, der den Sommer über in den Staaten arbeitet. Und jetzt bin ich wieder hier, in England, auf dieser Wiese, mit meinem Rucksack und meinen verstaubten Stiefeln, und suche meine Freunde. Wenn ich sie nicht finde, habe ich heute keinen Platz zum Schlafen; sie haben das Zelt dabei. Ohne sie kann ich die Nacht unter den Sternen verbringen.

Ich gehe in eine Richtung. Dann in die andere. Ich kaufe mir an einem Essensstand einen trockenen Falafel-Döner und kaue darauf herum, während ich die Gesichter aller Vorübergehenden mustere. Ich steige hinauf zum höchsten Punkt des Geländes, wo Leute mit hochgereckten Armen die Schnüre bunter Drachen halten, die in der Luft über uns ihre Sturzflüge vollführen. Würde man die Drachen aus dem Bild löschen, dann stünden diese Menschen dort oben wie Visionäre, wie Fanatiker, die Gesichter zum Himmel gewendet, die Arme erhoben in ekstatischer Ehrfurcht.

Da ruft jemand hinter mir meinen Namen, ich drehe mich um, und schlagartig ist der Tag verwandelt. Ich stehe nicht mehr allein auf dieser Wiese, mit dem schweren Rucksack, ich werde aufgefangen, mitgerissen. Zwei von meinen Freundinnen fassen mich bei den Armen, den Händen. Sie haben überall nach mir gesucht, sagen sie, sie haben sich schon langsam Sorgen gemacht. Sie nehmen mir den Rucksack ab und schleppen mich in ein riesiges Zelt, das von Lichtern strahlt, einem Sternenhimmel von Lichtern; Musik drängt gegen die Zeltwände, zittert im Seilwerk, und eine ganze Gruppe von Leuten, die ich kenne, empfängt mich mit Winken und Rufen.

Wir stehen dicht an einer kreisförmigen Brüstung, hinter der zwei Pferde mit Federn am Zaumzeug in flottem Trab die Manege umrunden, auf ihrem Rücken ein Mann mit nacktem Oberkörper. Der vertraute, knochentrockene Geruch von Sägemehl reizt meine Kehle. Der Mann springt in den Handstand, die Finger auf den glatten, scheckigen Kruppen ausgespreizt. Jemand hält mir eine Tüte gesalzener Nüsse hin, eine Flasche lauwarmes Wasser, und ich nehme beides an; den Joint in seinem dünnen Knitterpapier und das schwitzende Bier reiche ich weiter. Ein Mädchen schreit mir etwas über ein Kleid, eine Wohnung, einen Fisch, einen Ausflug nach London ins Ohr. Ich kann der Geschichte nicht folgen, kann die Wörter nicht sinnvoll verbinden in diesem Ansturm von Lärm. Durch die schmalen Scheinwerferschneisen über unseren Köpfen schwingen Gestalten am Trapez heran und verschwinden wieder.

Wir johlen und klatschen, als ein Mann mit Lederhose, schwarzem Schlapphut und einem Stierkämpferjäckchen die Manege betritt. Er schwenkt einen blitzenden Strauß von Dolchen durch die Luft. Als er nach Freiwilligen ruft, haut der Junge neben mir – ich kenne ihn gut, er ist mit einer meiner engsten Freundinnen zusammen – mir auf die Schulter und grölt: »Hier!« Er ist betrunken, das sehe ich, sein Blick glitzernd, verschwommen. Seine – meine – Freundin schaut verärgert, zupft ihn am Ärmel, sagt ihm, er soll den Unsinn lassen. Ich weiß, dass ich ablehnen könnte. Ich könnte protestieren, den Kopf schütteln, mich in der Menge verstecken – jetzt wäre der Moment dafür –, aber als der Scheinwerferstrahl durch das Publikum streicht, uns findet, nicke ich. Ich schlüpfe aus meiner Jacke und klettere über die Brüstung in das Magnesiumgleißen der Lichter.

Warum? Unmöglich, das heute zu sagen. Weil ich eben doch noch ein Teenager bin? Vor lauter Erleichterung, dass ich wieder bei meinen Freunden bin, dass es existiert, mein Leben mit ihnen, dass ich es mir nicht nur eingebildet habe? Weil ich es manchmal satthabe, die einzig Nüchterne in der Gruppe zu sein? Weil ein Teil von mir wissen will, wie sich das anfühlt da draußen, in der Hitze, dem Licht? Weil ... warum nicht? Warum mich nicht von einem Wildfremden, einem Mann, dem zu trauen ich nicht den geringsten Grund habe, mit einer Faustvoll Messern bewerfen lassen?

Die blendende, zuckende Lichtscheibe lotst mich auf den Mann zu, und im Näherkommen merke ich, dass er Spanier ist, was ein sonderbarer, aber irgendwie stimmiger Zufall scheint angesichts der Tatsache, dass ich erst diese Woche aus Spanien zurückgekommen bin. Natürlich ist er Spanier, denke ich. Was denn sonst? Und ich denke, wie ungern ich letztlich im Mittelpunkt stehe, wie befangen mich das immer macht, wie sehr mir all die Blicke auf der

Haut kribbeln und stechen. Was für ein Graus es mir schon als Kind war, wenn in dem wachsigen Flackern der Kerzen alle auf mich schauten und »Happy Birthday« sangen, wie ich mir jedes Mal am liebsten die Hände vors Gesicht geschlagen und mich unterm Tisch verkrochen oder gleich Reißaus genommen hätte.

Eine paillettenglitzernde Assistentin führt mich zu einer runden Scheibe. Ich werde festgeschnallt, an den Handgelenken, den Knöcheln, und mir kommt Da Vincis vitruvianischer Mensch in den Sinn: vierbeinig, düster im Ausdruck, sich seiner Nacktheit dem Anschein nach gar nicht bewusst. Der Tag fällt mir ein, an dem mein ferner Freund und ich unsere Größe und die Spannweite unserer Arme gemessen und festgestellt haben, dass meine Beine nur zwei Zentimeter länger als meine Arme waren. Du läufst den Gesetzen der menschlichen Geometrie zuwider, sagte er stirnrunzelnd und vermaß mich ein zweites Mal, als hoffte er, der Defekt sei diesmal vielleicht behoben.

Auf der anderen Seite der Manege lässt der Mann mit dem Schlapphut die Finger spielen, stellt sich in Positur. In die eine Hand nimmt er das Messerbündel, mit der anderen fasst er eine einzelne Klinge bei der Spitze, wiegt sie in der Handfläche.

Dann passiert das Unvorstellbare. Die Assistentin tritt mit einem dunklen Stück Stoff auf ihn zu. Ein Schal, sage ich mir, ein Stirnband. Sie wird es ihm um den Hals legen, ihm damit die Haare aus dem Gesicht binden, damit er sich besser konzentrieren kann, damit nichts ihn von seiner Aufgabe ablenkt.

Mit einer flinken, geübten Bewegung verbindet sie ihm die Augen.

Er wird blind werfen.

Und mir geht auf, dass ich einen Fehler gemacht habe, einen fatalen Fehler.

Ich stehe da und versuche zu begreifen, wie es so weit kommen konnte. Eben noch war ich allein auf einem Musikfestival, mit keiner anderen Sorge als der, wo ich in dieser Nacht schlafen soll, und jetzt plötzlich bin ich auf eine Scheibe geschnallt, und ein Mann mit verbundenen Augen schickt sich an, mit Messern nach mir zu werfen. Wie kann das sein?

Die Assistentin kommt zu mir zurück. In einer Hand hält sie einen Hammer. Ihre Schultern unter dem fleischfarbenen Trikotstoff sind breit. Sie schaut streng, eine Falte zwischen den Brauen, die Unterlippe zwischen die Zähne geklemmt. Ihr Lippenstift, dick wie Butter, ummalt ihren Mund in leichter Vergrößerung, was ihr etwas Gieriges, Allesfresserhaftes verleiht. Ich versuche ihr in die Augen zu sehen, mein Schicksal aus ihnen zu lesen, aber ich kann ihren Blick nicht einfangen. Schweiß glitzert auf ihren Armen und der Stirn. Ich möchte sie etwas fragen, irgendetwas. Geht das auch ganz sicher gut? Können Sie mir versprechen, dass ich überlebe? Hat er je danebengeworfen?

Sie schlägt den Hammer gegen das Brett, zweimal, unten an meinem Knöchel, ruft eine unverständliche Silbe über die Schulter und duckt sich dann zur Seite.

Das Geräusch ähnelt dem Anflug eines Insekts, ein Schwirren wie von winzigen Flügeln. Ein Messer, scheinbar aus der Luft geboren, steckt plötzlich neben meinem Fuß, die Spitze mehrere Zentimeter tief ins Holz gebohrt.

Bis jetzt habe ich immer geglaubt, Zirkusnummern wären genau dies – Nummern, Show. Theatralisch, weil Theater, Trug, Illusion. Eine raffinierte Täuschung des Publikums.

Dieses Messer jedoch, daran kann kein Zweifel bestehen, ist echt. Genau wie das nächste, das an meinem Knie auftaucht, oder das dort, neben meinem Oberschenkel, am anderen Knöchel. Dem Ganzen liegt ein Muster zugrunde, erkenne ich, ein Rhythmus. Die Assistentin klopft mit ihrem Hammer auf das Brett, ein Richter, der sein Urteil verkündet, sie ruft, und aus einer unmöglichen, unvorstellbaren Ferne fliegt das Messer heran. Es ist, mehr als alles andere, ein auditiver Trick. Der Mann, den Kopf leicht schief gelegt, lauscht angestrengt hinter seiner Augenbinde und wirft dann auf die Stelle, die ihm der Hammerschlag angibt. Welch eine Meisterleistung, welche Treffsicherheit, ein Messer per akustischer Zündung durch den Raum surren und so millimetergenau sein Ziel finden zu lassen.

Ein Messer zupft an meinem Kleid, auf Höhe meiner Taille, und die Assistentin verzieht das Gesicht. Tadelnd ruft sie dem Mann etwas zu, eine Abweichung im Takt. Das nächste Messer, in Brusthöhe, löst die gleiche Reaktion bei ihr aus, und nun kann ich die Silben unterscheiden. *Demasiado cerca*, ruft sie. Die Worte kenne ich. »Zu nah.« Sie rüffelt ihn, wie eine Mutter, eine Lehrerin, gibt ihm zu verstehen, dass er vom Kurs abkommt, dass es eng wird.

Ich kann nicht mehr hinschauen, wenn der Mann zielt.

Mir stehen die anatomischen Darstellungen vor Augen, die ich vor gar nicht so langer Zeit in der Biologieprüfung aufzeichnen musste. Die Venen in Blau, die Arterien in Rot, beide sich wie Flussdeltas im Brustkorb verzweigend, den Hals hinauf, die Extremitäten hinab, ganz dicht unter der Hülle der Haut. Der Mann kommt mir, meinen Adern, *demasiado cerca*. Zu nah. Ich schaue dahin, wo ich meine Freunde weiß, kann sie aber nicht sehen jenseits dieses Gürtels aus gleißenden Lichtern; ich schaue hinab auf meine Füße, die sehr weit weg scheinen, auf das Sägemehl. Jetzt bloß nicht an die Metzgereien aus meiner Kinderzeit denken, an das Sägemehl, mit dem dort der Boden bestreut war. Ich erfand immer Gründe, nicht mit hineinzumüssen, so sehr graute es mir vor allem dort drin. Vor den erkalteten, verklumpten Formen, die an Haken hingen oder hinter dem kühlen Glas der Theke vor sich hin suppten. Dem Kunstgras in der Auslage. Dem penetranten Eisengeruch in der Luft. Den flatternden Plastikbändern an der Tür zum rückwärtigen Teil, die alles Dahinterliegende verbargen.

Wieder klopft die Assistentin, ein rastloser Geist bei einer Séance, der Hammer saust seitlich von meinem Kopf nieder, und das Geräusch setzt in meinem Ohr ein Sirren in Gang, den Tinnitus der Todesangst. Ein Messer fährt in das Holz dicht bei meinem Hals, und ich denke, das war's, gleich ist es so weit. Da hänge ich, aufgespießt wie ein Insekt, und sehe es vor mir: die Farbe, Purpur, Scharlach, dunkler Bordeaux, das pumpende Sprudeln und Strömen, die Schreie. Noch ein Messer witscht über mir ins Holz, zieht an meinem Haar.

Und dann ist es vorbei. Die Assistentin schnallt mich ab, und ich schüttle meine Arme, meine Beine, ich bringe sie wieder in meinen Besitz, und ich flüchte, ohne auch nur meinen Applaus entgegenzunehmen, fort aus dem Lichtkreis, fort von der Assistentin, dem Mann und der Scheibe, an der eine leere Form zurückbleibt, ein Doppelgänger, mein Abbild, mit Messern gestanzt.

Kopf

1975

Zählt auch ein Erlebnis, von dem ich gar nichts mehr weiß? Dieses hier fällt in meine frühe Kindheit, die Zeit, bevor meine Erinnerung einsetzt. Meine Mutter erzählt mir davon, während wir zusammen in ihrer Küche hantieren.

Sie kocht Tee, und ich decke den Tisch ab. Beide bewegen wir uns mit sicherem Instinkt durch den Raum, weichen dem Hund aus, dem runden Tisch, einander. Ich könnte mich hier mit geschlossenen Augen zurechtfinden, wenn ich müsste. Vom Flur her hören wir die Stimmen meiner Kinder, die mit dem Aufgebot an Spielsachen aus den Schränken meiner Mutter spielen, bald lauter werdend, bald leiser, mal scheltend, mal verhandelnd.

Das Teekochen ist ein heiliges, unveränderliches Ritual in diesem Haus. Ich würde es nie wagen, mich daran zu versuchen, mich dieser delikatesten aller Aufgaben zu widmen. Diverse Schritte sind dazu nötig, bei denen einer rätselhaft aus dem anderen hervorgeht; ich kann mir die Abfolge nie merken, war immer zu ungeduldig, um sie zu lernen, anders als meine Schwestern, die das gleiche Ritual auf gleiche Art in ihren eigenen Küchen zelebrieren.

Die richtige Kanne will ausgewählt sein, mitsamt dazu passender Teehaube. Ganz wichtig auch das Vorwärmen, für eine streng vorgeschriebene Dauer, und dieses Vorwärmwasser muss zwingend in die Spüle gegossen werden, mit einer bündigen, verachtenden Kippbewegung. Erst dann darf die tiefbraun verfärbte Kanne gefüllt werden, erst mit den Teeblättern, abzumessen mit einem eigens dafür vorgesehenen Zinnlöffel, dann dem sprudelnden Wasser. Es folgt das Überstülpen der Haube – gestrickt oder gesteppt, in aller Regel bestickt – und dann: das Ziehen. Auf dem Abtropfbrett warten Tassen (ausnahmslos feinstes Porzellan) und Milch.

Meine Mutter stellt ein Glas Leitungswasser auf den Tisch, vor den Stuhl, der zu Jugendzeiten meiner war, ihr Zugeständnis an meine Tee-Aversion. Sie weiß, dass sie mich mit dem, was da in der Kanne brüht, nicht locken kann, deshalb kredenzt sie mir die eine Flüssigkeit, die ich zuverlässig trinke.

Ich bin die einzige Teeverächterin in der Familie – aus ihrer Sicht zweifellos eine unfassliche Verirrung. Für mich schmeckt Tee nach dürren Rasenmäherschnipseln, verflüssigtem Waldbodenmoder, Kompost, verrührt mit Spritzern bovinen Sekrets. Ich bringe ihn kaum runter.

Als sie die Kanne zum Tisch trägt, fragt sie, woran ich gerade schreibe, und ich berichte ihr, Wasser nippend, dass ich versuche, ein Leben ausschließlich anhand von lebensbedrohlichen Situationen zu erzählen.

Sie schweigt einen Moment, rückt die Teehaube zurecht, das Milchkännchen, die Tassenhenkel. »Dein Leben?«, fragt sie.

»Ja«, sage ich eine Spur nervös. Ich habe keine Ahnung, wie sie es aufnehmen wird. »Es ist nicht ... es sind nur ... Bruchstücke eines Lebens. Eine Reihe von Momenten. Manche Kapitel werden lang sein. Manche vielleicht ganz kurz.«

Wir reden ein Weilchen darüber, was alles einfließen soll. Meine Krankheit als Kind, das Auto, das mich um ein Haar überfahren hätte, die Entbindung, Dehydrierung infolge der Ruhr. Von einigen Dingen, die in dem Buch vorkommen werden, habe ich ihr vorher schon einmal erzählt, andere habe ich nie erwähnt. Von ihnen sage ich auch jetzt nichts. Sie fragt, ob ich über die Blutvergiftung damals schreiben will, und ich sage Nein. Ich kann mich nicht gut genug erinnern, ich war zu klein. Und außerdem war ich gar nicht in Lebensgefahr, oder?

Sie antwortet nicht, dreht nur den Kopf Richtung Fenster, wo die Vögel um die Futterhäuschen schwirren und flattern, die meine Mutter an die Bäume hängt.

»Dann gab es noch dieses Mal«, sagt sie, »als du nicht im Auto geblieben bist. Erinnerst du dich daran?«

»Nein«, sage ich.

»Du warst um die drei – deine Schwester war gerade geboren. Wir kamen vom Einkaufen, und ich war in die Garage gefahren. Ich hatte dir gesagt, du sollst im Auto bleiben, auf deinem Platz, aber ...« Sie richtet den Blick auf mich, nickt leicht.

»Aber das bin ich nicht?«, sage ich.

»Nein«, sagt sie, »das bist du nicht. Ich hatte die Sachen aus dem Kofferraum geholt und schlug gerade den Deckel zu, und da sah ich dich plötzlich, in dieser Zehntelsekunde. Du warst irgendwie rausgeklettert und ums Auto herumgekommen und standest direkt neben mir, mit dem Kopf genau unter der Deckelkante. So knapp hat sie dich verfehlt.« Sie spreizt die Finger eine Winzigkeit auseinander. »So knapp«, wiederholt sie, »so knapp. Ich konnte dich eben noch zurückreißen. Wenn ich mir vorstelle, was passiert wäre, wenn ...« Sie beendet den Satz nicht, schüttelt den Kopf.

Ein kurzes Schweigen erfüllt die Küche. Vielleicht sollte ich mich entschuldigen, denke ich – dafür, dass ich die Sorte Kind war, die nie gehorchte, sich unentwegt in Gefahr brachte. Und mich bei ihr für die Lebensrettung bedanken.

Für Eltern gibt es keine schlimmere Angst als die, ein Kind zu verlieren. Ich weiß das, meine Mutter weiß es. Wir kennen sie beide zur Genüge. Zu oft sind wir beide haarscharf an diesen unheilvollen dunklen Klippen vorbeigeschrammt. Es ist etwas, das uns verbindet, aber an das wir nur selten rühren.

Ich suche noch nach einer passenden Erwiderung, als meine Kinder hereingelaufen kommen, plappernd und schreiend, mit jeder Menge Holzspielzeug und jeder Menge Wünschen. Sie brauchen Apfelschnitze, sie brauchen etwas zu trinken, sie brauchen Scones und Marmelade und Butter.

Auf der Heimfahrt denke ich über die Geschichte nach. Ich habe keinerlei Erinnerung daran, was mich wundert. Man würde meinen, etwas so Dramatisches müsste irgendeinen Eindruck hinterlassen. Vielleicht, überlege ich im Fahren, ist dieser Nicht-Eindruck der Art und Weise geschuldet, wie meine Mutter mit der Situation umging. Sie war offenbar nicht nur reaktionsschnell, sondern auch extrem gut darin, ihren Schrecken zu verbergen, ihn mit sich selbst auszumachen, sodass nichts davon auf mich überschwappte.

Die Garage allerdings ist mir in Erinnerung, ein faszinierender, immer leicht unheimlicher Ort mit einem Betonboden voll spiegelnder, beißend riechender Ölflecken, die, aus dem richtigen Blickwinkel betrachtet, zu Regenbogen zerflossen, schillernd und flüchtig. Das Garagentor war dunkelrot, und hinter das Fenster verirrte sich einmal eine Blaumeise, die, panisch mit den Flügeln schwirrend, ihren schwarzen Schnabel gegen das Glas trieb, unablässig, so als müsste es irgendwann doch nachgeben. Mein Vater kämpfte mit dem Griff, rüttelte an dem farbverklebten Rahmen, bis das Fenster endlich aufsprang und der Vogel hinausflog, mit einem kurzen Abwärtswippen über dem Blumenbeet, ehe er über die Hecke davonschnellte. In dem spinnwebverhangenen Dämmer waren der Rasenmäher mit seinen Schneideblättern zu erahnen, die Köpfe der Spaten, eine hoch an der Wand hängende Axt. Einmal wurde dort eine Ratte gesichtet, woraufhin wir Besuch vom Rattenfänger erhielten, einem Mann mit Schaftstiefeln, Schutzhandschuhen aus Leder, einer Flasche Gift, einem leeren

Jutesack und einem Stock mit einer Schlinge daran. Er ging in die Garage und schloss die Tür hinter sich; wir sahen vom Wohnzimmer aus zu. Als er wieder herauskam, baumelte der Sack nicht mehr leer, sondern wurde nach unten gezogen von einem gewölbten Etwas, weich und schlaff.

In einem Sommer richteten wir in der Garage ein Museum ein, mit der Werkbank und der Gefriertruhe als Schaukästen. Die Ausstellungsstücke umfassten das Skelett unserer Schildkröte, das wir im Garten exhumiert hatten, eine Handvoll malaysischer Briefmarken, mehrere Trilobiten und ein paar Korallen aus Connemara.

Das Beste jedoch war, dass sich unsere Tigerkatze die Garage zum Werfen aussuchte. Also besuchten wir sie dort mit ihrer neuen Familie, knieten andachtsvoll und hingerissen vor dem Pappkarton, in dem die vier zuckenden kleinen Leiber gierig gegen den grau gestreiften Katzenbauch drängten.

Meine Mutter schärfte uns ein, die Kätzchen nicht anzurühren, noch nicht, und wir nickten feierlich. Aber kaum war sie in die Küche zurückgekehrt, befahl ich meiner kleinen Schwester, am Garagentor Wache zu halten. Es war ausgeschlossen, machte ich ihr klar, dass ich diese Kätzchen nicht anfasste. Völlig undenkbar. Das schiere Glück, mit den Händen hineinzutauchen und alle vier Kätzchen auf einmal herauszuheben in einem maunzenden, sich krümmenden Knäuel, mein Gesicht zu vergraben in ihrem Lebendigsein, ihrer Weichheit, ihren winzigen Gesichtchen, ihren noch nie benutzten Pfoten: Wie konnte ich mir das nehmen lassen?

Die Katze hob den Kopf und beobachtete mich aus ihren grünen Augen, die wachsam, aber zugleich nachsichtig waren. Sie wusste, dass ich das Gebot meiner Mutter unmöglich befolgen konnte – dass mir keine Wahl blieb. Sie schnurrte, als ich die Kätzchen sanft zurücklegte, und stupste mich mit einer verzückten Pfote zart am Handgelenk.

Sie wurde einundzwanzig, diese Katze. Es gibt Fotos von mir, auf denen ich sie als linkische Zehnjährige im Arm halte, mit Pflaster auf dem Knie und Zähnen, die zu groß und zu zahlreich für meinen Mund sind, und Fotos von mir als Erwachsener, weniger linkisch, weniger lädiert, mit ihr auf dem Schoß.

Jahre später, in einem sehr kalten Winter, werde ich schwanger mit meinem ersten Kind sein und im Ausland leben, in einem tief eingeschnittenen, verschneiten Tal. Meine Schwester, die inzwischen Tierärztin ist, wird mich anrufen, um mir zu sagen, dass die Katze, die vor so langer Zeit in einem Pappkarton Junge zur Welt gebracht hat, krank ist, zu krank. Diesmal kann sie sie nicht retten – die Katze würde eine neuerliche Operation nicht überstehen. Meine Schwester wird sagen, wie leid es ihr tut, und mich fragen, ob es mir recht ist, wenn sie sie einschläfert, und ich werde sagen, natürlich, du kannst das am besten beurteilen.

Beide werden wir an unserem jeweiligen Ende der Leitung, getrennt durch Länder und Berge und Meere, den Hörer ans Ohr drücken und das Auflegen hinauszögern, weil wir wissen, was danach passieren wird. Und meine Gedanken werden zurückwandern zu einer Zeit, als uns nur die Länge der Garage trennte – dieser Garage, in der ich so knapp und so gänzlich ohne mein Wissen einem schlimmen Ende entronnen bin – und sie als treue und ängstliche Wächterin am Tor stand, zwischen mir und dem Haus hin- und herspähend, während ich mich über den Karton beugte und die Kätzchen ins Licht hob.

Schädeldach

1998

Ein Mann und eine Frau gehen an einem Fluss entlang. Der Fluss fließt so langsam, dass er fast zu stehen scheint, strömungslos. Sie halten auf einer Brücke an und schauen hinab auf ihre Spiegelungen in dem marmorglatten, blättergetupften Wasser: er auf ihre, sie auf seine. Sie hat Eicheln in ihren Taschen gesammelt, grünlich braun und umschlossen von ihren Bechern, und sie beim Gehen mit den Fingerspitzen sortiert, um festzustellen, doch, jede Eichel passt nur in ihren eigenen Becher. Kein anderer Becher tut es.

Die Frau bin ich. Der Mann ist – egal.

Sie reden über ihre Situation, ihr Dilemma. Sie haben sich ineinander verliebt, augenblicklich, unerwartet, taumelnd, aber es gibt Komplikationen. Es gibt Hindernisse. Andere Menschen stehen im Weg – andere Herzen, andere Vorstellungen, andere Lebenslagen.

Die Frau streckt die Hand nach einem dürren Schilfstängel aus, während sie redet; wie können sie, fragt sie, wie könnten sie, sie könnten doch niemals, oder? Der Mann fasst sie warnend am Arm, er war einmal mit einem Freund unterwegs, sagt er, der sich mit einem Schilfstängel so tief in den Finger geschnitten hat, dass er in einem Dorfkrankenhaus mit drei Stichen genäht werden musste.

»In einem Dorfkrankenhaus?«, wiederholt die Frau. Das Wort hat sie noch nie gehört. Sie sieht ein Häuschen mit Strohdach vor sich, mit einem Schornstein, aus dem sich Rauch emporringelt, und einer Belegschaft von Eichhörnchen oder Mäusen in Schürzen, wie im Märchen.

Der Mann zieht eine Augenbraue hoch. »Ja, in einem Dorfkrankenhaus, so etwas gibt es.« Ihre Hand, merkt sie, hat er nicht losgelassen.

Sie reden über Schilf, über Schnitte, über die Male, die sie schon genäht werden mussten, vielleicht weil sie eine Pause brauchen von der Diskussion über sich, über ihre unlösbare Problematik, über Optionen, die allesamt so zwingend wie verwerflich scheinen. Immer noch mit ihrer Hand in seiner zieht er sein Hemd hoch, um ihr eine Kindheitsnarbe an seinem Bauch zu zeigen; sie sieht einen gebräunten Streifen Haut, den Gummizug seiner Unterhose knapp über dem Bund der Jeans, eine Linie aus Härchen, die nach unten führt. Sie will sich wegdrehen, sie will immer weiter hinstarren, will in ihn hineinbeißen wie in einen Pfirsich. Sie denkt: Wie können wir? Wie können wir nicht? Das ist eine schlechte Idee, das ist die beste Idee, die einzige Idee; sie schaut sich nach einem abgeschirmten Plätzchen um, sie sucht nach einem Fluchtweg für sich. Der Augenblick hängt zwischen ihnen in der Schwebe.

Unvermittelt taucht ein Hund auf, aus dem Nichts, aus dem Wald, schnellt zwischen den Bäumen hervor wie ein

Springteufel. Sein Gesicht ist halb weiß und halb schwarz, sein buschiger Schwanz wedelt. Er stürmt auf sie zu, als hätte er sich sein Lebtag nicht so über zwei Menschen gefreut, umkreist sie hüpfend und winselnd mit wild peitschendem Schwanz, sein Gesicht zu einem breiten Hundegrinsen gespalten.

Sie begrüßen ihn, sie streicheln ihn, fahren mit den Händen seine warmen pelzigen Flanken entlang.

Als sie weitergehen, schließt sich der Hund ihnen an, prescht voraus, schlägt einen Bogen zurück, jagt zwischen ihnen hindurch, besteht darauf, dass Stöckchen ausgesucht, geworfen, nochmals geworfen werden. Er drängt sich an ihren Knöcheln vorbei, als sie ihr Gespräch wieder aufnehmen, er galoppiert hinein ins Unterholz und wieder heraus, blickt zu ihnen empor, hechelnd, bewundernd, als wäre er begeistert von dem, was sie sagen, könnte einverstandener nicht sein.

An einer Stelle führt der Weg ein Stück die Straße entlang. Der Hund trabt zwischen ihnen, Schnauze am Boden. Sie hören das Wummern eines großen Fahrzeugs hinter sich, also treten sie an den Rand, immer noch redend. Ein riesiger orangefarbener Laster braust auf dem schmalen Sträßchen heran. Seine Räder fressen den Asphalt, die Bäume scheuen seitlich vor ihm weg.

Während sie warten, um ihn vorbeizulassen, fällt der Frau plötzlich ein, dass sie ja keine Ahnung haben, ob der Hund straßentauglich ist. Manche Hunde, das weiß sie, sind es, andere nicht. Der Laster ist fast gleichauf mit ihnen, da bückt sie sich, um den Hund beim Halsband zu fassen, damit er nicht noch auf die Fahrbahn läuft, vor den Laster; sie handelt rein instinktiv, ihr einziger Impuls der, dieses Tier zu beschützen, das aus dem Nichts bei ihnen aufgetaucht ist und das so voller Vertrauen ist, voll solch unverstellter Freude am Dasein und allem, was es zu bieten hat. Sie fühlt den gewaltigen Mechanismus aus Kraft und Stahl dicht über sich – zu dicht. Die Haare auf ihrem Kopf werden von der Flanke des Fahrzeugs gestreift; sie spürt den Kotflügel direkt über ihrem Scheitel, ein sausender Metallrand, der ihr Kranium nur knapp verfehlt. Ein Zentimeter, ein halber Zentimeter mehr, und es hätte ihr den Kopf weggerissen. Das Grauen dieser Beinahe-Enthauptung schwappt in ihr hoch wie eine Flutwelle, von den Füßen, den Beinen, schlägt über ihr zusammen als ein glasklares, scharf definiertes Begreifen: Sie hätte sterben können, hier und jetzt, ihre eine Hand in der des Mannes, die andere am Halsband des Hunds. Nur ein Fingerbreit in die falsche Richtung, und es wäre aus mit ihr gewesen. Schluss. Finito. Sense. Sie hätte abtreten müssen. Den Holzpyjama anziehen. Die Grätsche machen. Die Hufe hochklappen. Den Löffel abgeben.

Sie war nie gut darin, die Entfernung zwischen sich und anderen Dingen abzuschätzen, zu wissen, wie viel Platz sie einnimmt, wie viel Spielraum sie braucht.

Der Laster dröhnt vorbei. Sein Luftsog erfasst sie, Mann, Frau und Hund, umfängt ihre Körper mit seinem Strudel von Bewegung und Geschwindigkeit. Sie richtet sich auf. Sie lässt das Halsband los. Ganz deutlich spürt sie, dass sie wieder einmal davongekommen ist, in letzter Sekunde.

Sie sagt nichts zu dem Mann. Er braucht es nicht zu wissen. Es steht auch so schon zu viel auf dem Spiel. Er legt ihr den Arm um die Schultern und drückt sie an sich, an seine Brust, an die Muskeln und Knochen direkt über seinem Herzen. Sie schmiegt die Wange an die Wolle seiner Jacke und atmet tief ein, stellt sich vor, wie all diese verschiedenen Moleküle, sein Geruch, seine Haut, seine Kleider, sein Haar, in sie hineinwandern, durch die Verästelungen der Bronchien bis hinab in die Lungenbläschen, um dort von ihrem Blut aufgenommen und fortgetragen zu werden zu den geheimsten Knotenpunkten ihres Seins.

Sie gehen weiter, die Straße entlang und wieder in den Wald, wo das Licht fleckig und grün ist, wo der Weg mäandert, sich gabelt, nicht immer klar zu erkennen. Der Hund kommt mit.

Eingeweide

1994

Als ich die Augen öffne, steht an meinem Bett die französische Ärztin aus dem Restaurant, Hände in den Hüften, Ellbogen im rechten Winkel neben dem Körper. Erstaunt starre ich sie an und würde sie gern fragen, was sie bitte schön in meinem Zimmer will. Hat sie die Orientierung verloren? Den Verstand? Ihren Schlüssel? Hat sie sich in der Tür geirrt?

Ich habe keine Ahnung, wie lange es her ist, dass ich mich beim Frühstück mit ihr unterhalten habe, wie lange ich schon krank hier liege. Tage sicherlich – auf der klumpigen Matratze zusammengerollt oder in dem schmalen Bad über der Kloschüssel hängend –, aber ich habe die Zeit nicht mehr im Blick, gar nichts habe ich mehr im Blick.

Sie beugt sich vor und befühlt meine Stirn, meinen Arm. »Sie muss ins Krankenhaus«, höre ich sie zu Anton sagen, dessen Gesicht im Hintergrund schwebt, ängstlich, bestürzt.

Schon bei meiner Ankunft in dieser kleinen chinesischen Stadt, wann immer das war, habe ich mich komisch gefühlt, appetitlos, dünnhäutig, schlapp, musste ständig aufs Klo, konnte nicht schlafen. Dann bekam ich mitten in der Nacht Bauchkrämpfe, ich kotzte und kotzte und konnte nicht aufhören. Anton wurde davon wach; er kam und hielt mir die Haare aus dem Gesicht. Was aus mir herauskam, war blutdurchzogen, verschleimt, fleischig.

In mir sitzt etwas, das sich bewegt, irgendwo in den verschlungenen Gängen meines Magens, ein Ding mit Klauen, mit Reißzähnen, mit üblen Absichten. Ich kann spüren, wie es an Kraft gewinnt, wie es seine Kraft aus mir heraussaugt. Es ist, als hätte ich einen Dämon verschluckt, einen rastlosen Dämon, der zappelt und sich windet, sodass seine Schuppen gegen meine Gedärme scheuern. Ich muss mich zusammenkrümmen, tief atmen, die Hände zu Fäusten ballen, bis der Anfall abklingt.

Und jetzt steht hier diese Fremde, diese Französin, und sagt, ich soll ins Krankenhaus. Das, beschließe ich, geht definitiv zu weit. Ich mache die Augen zu, um sie auszublenden, sie und Anton und ihre Pläne. In der Sekunde erscheint mir nichts auf der Welt so schön, so gemütlich, wie dieses chinesische Hotelzimmer, dieser getünchte Betonwürfel von einem Raum. Ich will nirgendshin. Ich will hierbleiben, in dem pfirsichfarbenen Nylonbettzeug, unter dem rotierenden Deckenventilator, hinter den zugezogenen Vorhängen, die die hereinblitzende Sonne aussperren. Nur hier kann ich es mit dem Dämon aufnehmen; nur hier kann ich meine inneren Reserven mobilisieren und mich ihm entgegenstellen.

Mein Körper hat das gefährliche Stadium fiebriger Dehydrierung erreicht, in dem er aufgibt, in dem er nur noch bleiben will, wo er ist, verkrümmt auf seiner Matratze.

»Nein«, sage ich, aber mir gelingt kaum ein Flüstern, »mir geht's gut.«

»Sie muss ins Krankenhaus«, sagt sehr ruhig die französische Ärztin mit ihrem harten Akzent. Sie redet nicht mit mir. »Es muss jetzt sein.«

Zu zweit heben sie mich hoch – ich bin leicht, leichter sogar, werde ich später feststellen, als in meinen magersten Teenagerjahren, das Fleisch ist mir innerhalb von Tagen von den Knochen geschmolzen –, und ich klammere mich an der pfirsichfarbenen Matratze fest.

»Nein«, protestiere ich und trete um mich, wild, delirierend, während sich in mir der stachlige Dämon aufbäumt. »Ich will nicht, ich will hierbleiben, lasst mich los.«

Anton schleift mich halb, halb trägt er mich durch die Hotelhalle und zur Glastür hinaus, wo eine Reihe tuckernder Motorradrikschas am Bordstein warten; die Französin löst sich in Luft auf, noch so ein Schutzengel, den ich nie wiedersehen werde. Von der Rikschafahrt weiß ich nur noch, wie Anton mich beim Arm hält, während ich trocken zur offenen Tür hinauswürge. In mir, konstatiere ich durch Übelkeit und Schmerz hindurch, ist nichts mehr. Absolut nichts – nichts Festes, nichts Flüssiges, nicht einmal Galle. Ich bin vollkommen leer. Meine Haut glüht, so ausgedörrt ist sie. Meine Augäpfel wetzen an ihren vertrockneten Höhlen. Trotzdem will ich nicht ins Krankenhaus. Ich will nur meine Ruhe.

Heute weiß ich, dass ich damals den kritischen Punkt

erreicht hatte. Ich hatte mir auf dem Emei Shan, dem heiligen buddhistischen Berg, einen amöbischen Parasiten eingefangen, gegen den mein Organismus sich nun schon mehrere Tage zur Wehr setzte. Ich hatte auf meine Ernährung geachtet. Ich hatte Rehydrierungssalze genommen. Ich hatte Anstrengungen vermieden. Ich hatte alle Regeln befolgt, die bei einem Reisedurchfall befolgt werden müssen, aber das hier hatte mit Reisedurchfall nichts mehr zu tun. Meine Temperatur schnellte auf über vierzig, seit Tagen lief es an beiden Enden aus mir heraus, zuletzt beinahe unaufhörlich. Noch der letzte Rest Flüssigkeit war aus meinem Körper gewrungen. Die Amöbe siegte. Ich wollte nur meinen Frieden, dachte ich, aber in Wahrheit hieß das, dass ich die Waffen gestreckt hatte, dass ich bereit war zu sterben, zu kapitulieren. Es schien leichter, als weiterzuleben.

Ein buddhistischer Berg, darunter hatte ich mir einen steilen Felshang vorgestellt, moosbewachsen, nebelverhangen, Pfade durch Bambus- und Taschentuchbaumwälder, einen Gipfel, der sich in den Wolken verliert. Ich hatte mir Pilger in langen Gewändern vorgestellt, rot leuchtende Tempel mit schwingenden, klingenden Glocken. Eine Szene wie mit dem Pinsel eines chinesischen Kalligrafen gemalt.

Die Realität ist davon nicht weit entfernt – wenn man das Bild um Heerscharen von Pilgern und Touristen ergänzt, die zum Teil in Bambussänften getragen werden, zum Teil aber auch, verblüffend, in glänzenden High Heels die Felstreppen hinaufstöckeln. Der Weg ist stellenweise so begangen, dass man stehen bleiben und warten muss, bis der Stau sich aufgelöst hat. Die Stufen sind ungleichmäßig gehauen und eine Spur zu kurz für den Fuß. Ich muss bei jeder einzelnen hinschauen, sichergehen, dass meine Zehen vorn anstoßen.

Der Emei Shan ist einer der vier heiligen buddhistischen Berge in China und der höchste. Laut dem zerfledderten Reiseführer in der Außentasche meines Rucksacks gilt er als *bodhimanda*, als Ort der Erleuchtung. Daher auch die vielen Klöster, sechsundsiebzig an der Zahl, von denen eines Chinas erster buddhistischer Tempel war.

Der heilige Gipfel liegt mehr als dreitausend Meter über dem Meeresspiegel, zu erreichen über weitere Felstreppen. Im Bus durch die hügelige Kalksteinlandschaft von Kunming hat ein Mann mit blonden Dreadlocks und einem prekär befestigten Sarong meine Finger in seine genommen und mir mit geschlossenen Augen verkündet, die Besteigung des Emei-Gipfels sei die physische Manifestation eines *koan* – eines Paradoxons oder zu bewältigenden Problems, das zu Erleuchtung führe. Ich nickte und nahm nach einer Pause, die ich für angemessen hielt, meine Hand wieder an mich.

Anton besteigt mit mir zusammen den Berg. Wir haben unsere Zelte in Hongkong abgebrochen und sind auf dem Nachhauseweg. Ich will nach London, um mich dort um eine Stelle bei einer Zeitung oder Zeitschrift zu bewerben. Ich muss mein Leben in Angriff nehmen; ich muss meinen Weg finden, einen Job finden, der mich auf den richtigen Kurs bringt oder auf überhaupt einen Kurs. Ich muss eine

Stelle finden, die meine Miete und meine Monatskarte abdeckt, ohne mich bis zur Besinnungslosigkeit anzuöden, und die mir den Freiraum und die Energie lässt, abends nach dem Heimkommen, vielleicht, eventuell, möglicherweise, zu schreiben. Aber wie dieses Wunder bewerkstelligen, diesen Balanceakt? Ich habe nicht die leiseste Ahnung.

Und so fahre ich zurück nach England, langsam und auf Umwegen, dehne die Reise so lange aus, wie mein Geld reicht.

Wir nehmen den Landweg, durch China, durch die Mongolei, durch Sibirien, dann Osteuropa. In ein, zwei Monaten werden wir in Prag sein, von wo uns ein Vierundzwanzig-Stunden-Bus nach London bringen soll. Und dort wird der Rest meines Lebens beginnen. Irgendwie. Meine Pläne sind nicht weiter gediehen als bis zu dem Bus in Prag. Ich habe keine Arbeit in London, keine Wohnung. Ich werde in einigen Wochen dort ankommen, werde bei einer Freundin auf dem Boden schlafen, ausgerüstet mit den von mir verfassten Artikeln, die ich aus den Zeitungen in Hongkong ausgeschnitten habe. Ich kann, während ich die Stufen des Emei-Berges hinaufsteige, nur hoffen.

Wenn wir Hunger haben, halten wir bei einem der Klöster am Weg an. Die Mönche geben uns Nudeln und Reis zu essen, gedämpftes Gemüse, bleiche Tofuwürfel. Wenn es spät ist, bieten sie uns ein Bett in einem Schlafsaal an, mit etwas Glück auch eine mit Bretterwänden abgeteilte Kammer für uns allein. Wenn die Schwüle unerträglich wird, tauchen wir Hände und Kopf in die eiskalten Bäche, die aus dem Berghang sprudeln. Ab und zu begegnet uns ein Trupp graubrauner Makaken. Eine Holländerin, die wir am Fuß des Berges getroffen haben, hat uns vor diesen Affen gewarnt. »Die stürzen sich auf euch«, sagte sie, »weil sie wissen, dass Touristen Essen in ihren Rucksäcken haben, und dafür machen sie vor nichts halt.« Sie schob den Ärmel ihres Sweatshirts hoch und entblößte eine Reihe tiefer Kratzspuren, das Werk scharfer, zudringlicher Nägel. »Hier, seht ihr?«, sagte sie, und wir nickten feierlich. In der Tat.

Die Affen hocken in den Bäumen, auf den Mauern. Sie lauern auf uns, beobachten unser Näherkommen aus wachen, schlauen Augen. Ich besinne mich auf die Technik, mit der meine Schwestern und ich – hochprofessionell zuletzt – dem schwarzen Labrador beizukommen pflegten, der auf unserem Heimweg von der Schule immer so bedrohlich im Weg lag. Unsere einzige Chance, informiere ich Anton, ist es, den Gegenschlag vorwegzunehmen, klarzustellen, dass wir die Größeren und Gefährlicheren sind, bevor die Affen auf dumme Gedanken kommen. Er schaut zweifelnd. Als wir auf eine Horde Makaken stoßen, die neben einem kleinen Wasserbecken kauern und uns mit berechnendem Blick ins Auge fassen, stürme ich auf sie zu, Zähne gefletscht, mit den Füßen stampfend, und brülle, so laut ich nur kann. Die Affen stieben auseinander wie Murmeln, flüchten vom Uferrand, schießen in die Bäume davon, um Felsblöcke, über Mauern. Die Lichtung liegt still und verlassen, das einzige Geräusch das Plätschern des Bachs.

»War vielleicht bisschen viel«, sage ich.

Auf dem Gipfel werden wir tiefnachts von Mäusen geweckt, die sich durch den Baumwollstoff meines Beutels genagt haben und geschäftig in einer Packung Cracker herumrascheln.

Um aufzustehen und auf den Sonnenaufgang zu warten, ist es noch zu früh, also nutzen Anton und ich die Zeit zum Streiten. Wir zanken uns halbherzig über dies und das – seine Weigerung neulich, in diesem einen Hostel abzusteigen; mein Ausraster am See Anfang der Woche; dass ich dauernd nur lese, anstatt mit ihm zu reden –, bis ich ihm Unentschlossenheit vorhalte. Das war's, nun geht es ans Eingemachte. Er kontert, völlig unerwartet, mit dem Vorwurf, ich wäre heimlich in meinen Freund verliebt, den Mann, von dem ich den Kompass habe (der ebenfalls in dem Mäusebeutel verstaut ist).

Einen Moment lang füllt entsetztes, atemloses Schweigen das holzverkleidete Kabuff, in dem wir unter einem Berg aus Decken liegen, beide in allen Kleidern, die wir dabeihaben, beide trotzdem fröstelnd.

»Wie«, frage ich mit unsteter Stimme, mitten in der Nacht, im ältesten buddhistischen Kloster Chinas, einem heiligen Ort, an dem die Menschen nach Erleuchtung streben, »kommst du denn auf *die* Idee?«

Antons Antwort ist stählern, von mathematischer Unbestechlichkeit. »Du schreibst ihm endlos lange Briefe. Du suchst ständig Telefonzellen, damit du ihn anrufen kannst. Das ist doch schräg, dass du derart eng mit einem anderen Mann zusammensteckst.«

»Was fällt dir ein«, brause ich auf, während ich mich erbost von unserem Lager hochrapple, »mir so etwas zu unterstellen?«

Wir beobachten den Sonnenaufgang gemeinsam mit ein paar Tausend anderen Leuten, die für Fotos posieren, auf denen sie die Sonne in den gewölbten Händen zu halten scheinen. Dann nehmen wir den Bus den Berg hinunter, und auf der Fahrt, auf der wir die meiste Zeit stumm nebeneinandersitzen, fühle ich mich schon eine Spur unwohl. Die Benzindämpfe kriechen mir zu tief in den Rachen; das Ächzen der Lenkung, der Gestank aus dem Käfig voll flatternder Hühner gleich über den Gang, das Knarzen der Ledersitze, all das zusammen bewirkt, dass mir leicht flau wird, schwindlig, dumpf im Kopf. Habe ich mir auf dem heiligen Berg etwas geholt?

Raus aus der Rikscha und die Stufen zum Krankenhaus hinauf. Anton stützt mich, mein Arm liegt um seinen Hals. Dann durch die Tür, mitten hinein in eine Szene aus dem London von Charles Dickens, aus einem Film über den Ersten Weltkrieg, aus einem Albtraum. Der Eingangsbereich ist vollgepackt mit Menschen, und zwar buchstäblich: Weit und breit gibt es keinen Stuhl, keinen noch so kleinen Flecken Boden- oder Wandfläche, der nicht von einem menschlichen Körper vereinnahmt wäre. Es müssen hundert, zweihundert Wartende sein, die hier in dieser Enge zusammengepfercht sind. Sie sitzen in langen Reihen vor dem Anmeldungsschalter, sie liegen auf Matten oder flachgedrückten Pappkisten am Boden, schlafend oder leise vor sich hin wimmernd. Weinende Kinder werden in den Armen Erwachsener gewiegt. Ein Mann hat sein geschwollenes Bein auf einem Vogelkäfig abgelegt; er knackt Sonnenblumenkerne mit den Zähnen und spuckt die Schalen auf den Boden.

Neben mir höre ich Anton in sich hineinfluchen.

Ein paar Minuten stehen wir einfach im Eingang, ratlos. Was sollen wir jetzt tun? Bleiben? Ins Hotel zurückfahren? Uns irgendwo hinquetschen? Fordernd an das geschlossene Fenster der Anmeldung klopfen?

Ein Mann im weißen Kittel bahnt sich einen Weg durch die Menge und hält vor uns an. Er legt mir uninteressiert die Hand auf die Stirn, er zieht mir die Lippen zurück, als ob ich ein Pferd wäre, und begutachtet meine Zähne.

»Magen-Darm?«, fragt er Anton auf Englisch.

Anton nickt.

»Geld?«, fragt er.

»Ja.«

»Dollar?«

Anton kramt in meinem Gürtel und zeigt dem Arzt den Packen Notfalldollar, die ich vor unserer Abreise bei einer Bank in Hongkong bestellt und abgeholt habe. Ich hatte nicht gedacht, dass ich sie je brauchen würde, um ein Haar hätte ich mir die Mühe gar nicht gemacht, aber eine Frau, für die ich gearbeitet hatte, meinte, man dürfe in China nirgends ohne Dollar hinreisen.

»O.k.?«, fragt Anton.

Der Arzt nickt, nimmt mich beim Arm und führt mich durch das Menschengewühl.

Ich werde an einen Tropf angeschlossen, mit einer Nadel

aus der Reiseapotheke, die ich in Kowloon gekauft habe und wegen der es zu einem kleinen Hickhack zwischen mir und den Schwestern kommt. Man verabreicht mir ein Antibiotikum, das mit dem Parasiten kurzen Prozess machen soll, riesenhafte senfgelbe Tabletten, die ich mit Unmengen von Wasser hinunterschwemmen muss. Sie spülen die Amöbe aus mir heraus, zusammen mit dem größten Teil meiner Darmschleimhaut. Einige Monate später, schon in London, werde ich ins Institut für Tropenkrankheiten geschickt, weil ich noch immer blass bin, blutarm, immer weiter abnehme. Die Ärztin dort fragt mich, welches Medikament man mir verschrieben hat, und als sie den Namen hört, erbleicht sie.

»Wieso?«, frage ich, »was ist damit?«

»Das gibt man eigentlich nur …« Sie stockt.

»Nur?«, frage ich.

»Na ja …«, stirnrunzelnd fixiert sie ihren Bildschirm, »… Pferden eben.«

Ich starre sie an. Dann muss ich lachen.

Die Ärztin zuckt mit den Achseln. »Gewirkt hat's ja anscheinend. Ich meine, immerhin leben Sie noch.«

Wieder ein paar Jahre später reise ich mit Will durch Südamerika. In einem Hotel in La Paz weckt mich Übelkeit, Fieber, ein allzu vertrauter wetzender, krallender, sich hin und her schlängelnder Schmerz. Ich esse eine Banane, und sie wird nach nur zwölf Minuten wieder ausgeschieden; ich stoppe die Zeit mit meiner Uhr. Ich rüttle Will wach.

»Ich glaube, ich habe wieder eine Amöbe«, teile ich ihm mit zusammengebissenen Zähnen mit.

»Wie?«

»Eine Amöbe. Amöbenruhr.«

Er stolpert hinaus in das schlafende La Paz, um eine Apotheke zu suchen, in der Hand einen Zettel, auf dem der Name eines Pferdeantibiotikums steht.

Blutbahn

1997

Gelegentlich, wenn auch nicht oft, denke ich an die Person, die ich mit Mitte zwanzig war. Ich versuche, sie mir vor Augen zu rufen. Was für ein Gefühl war das, in diesem Alter zu sein? Welches Gerüst hatten die Tage, in welchen Bahnen verlief mein Denken? Mich trennen jetzt so viele Jahre von dieser Version meiner selbst, wie mich damals von meiner Kindheit trennten. Sie bildet die Mittellinie zwischen mir und meiner Geburt.

Manchmal finde ich keinen rechten Zugang zu ihr, kann mich unmöglich zurückversetzen in das fortwährende Auf und Ab und Hin und Her, durch das sie sich vorwärtskämpfte. Dann wieder gehe ich mit meinen Kindern die Straße entlang, das eine an der Hand, während ich versuche, das andere einzuholen und mir gleichzeitig anzuhören, was das Dritte über das schottische Referendum zu sagen hat (meine Kinder haben sehr unterschiedliche und schwer miteinander zu vereinbarende Gehstile, eins zuckelt meist hinterher, eins rennt grundsätzlich voraus, eins hält sich so dicht bei mir, dass ich nicht selten über unsere verhakten Füße stolpere). So gehen wir also, jeder nach seiner Fasson, und urplötzlich greift etwas nach mir – das charakteristische Brausen eines abbremsenden U-Bahn-Zugs, ein Gitarrenriff, das aus dem Fenster einer Kellerkneipe dringt, die Kälte meiner Fingerspitzen in der Jackentasche –, und sie ist mir so nah, als liefe sie mit uns auf dem Bürgersteig.

Da kommt sie, geht an uns vorbei, viel zu dünn angezogen mit ihrer Strumpfhose, dem Minirock, den hellblauen Turnschuhen. Sie hat sich die Haare kurz schneiden lassen – nicht die beste Idee – und den asymmetrischen Pony gebleicht. Sie hat einen Piepser am Gürtel, ein Buch in ihrer Tasche und einen deckellosen Füller, aus dem Tinte in das Futter sickert. Sie macht lange Schritte, wahrscheinlich ist sie spät dran. Sie bräuchte eine Multivitaminkur, eine anständige Mahlzeit, eine anständige Bleibe. Sie ist seit der Ankunft in London geschlagene neunmal umgezogen. Sie kann ihre gesamte Habe in einen einzigen Rucksack packen. Sie neigt zu Halsentzündungen, geschwollenen Mandeln. Sie kommt spät heim, schläft zu wenig, schafft es nicht mal, die nötigsten Lebensmittel einzukaufen. Ihr Geld reicht nie bis zum nächsten Zahltag.

Sie hat vor Kurzem den Mann verlassen, mit dem sie zusammengelebt hat – ist einfach zur Tür hinausmarschiert, ihre Tasche über der Schulter. Die Umstände waren frustrierend banal, so platt wie aus einer Seifenoper: Sie hat unterm Bett nach ihrem Schuh gesucht und stattdessen die Träger und Häkchen eines BHs erblickt. Sie wusste es schon, ehe sie danach griff. Ein fleischfarbener BH, nicht ihre Größe, nicht die Sorte, die sie je tragen würde, aus einem Geschäft, gegen das sie eine erklärte Abneigung hat. Ein erstaunlich praktischer BH, so gesehen – keine Bügel, kein Schnickschnack –, mit einem sanften, keimfreien Weichspülerduft. Die Art BH, wie ihn ein sportliches, gut organisiertes, tatkräftiges Mädchen unter einer schicken Bluse trägt. Ein Mädchen, das regelmäßig seine Wäsche wäscht, robuste Kleidung kauft und an gesunden Freiluftaktivitäten teilnimmt. Ein Mädchen, kurz gesagt, das in allem ihr genaues Gegenteil ist.

Sie hat ihren Freund zur Rede gestellt, mit gedämpfter Stimme, damit die Mitbewohner nichts mitbekommen. Anfangs hat er wild herumlaviert. Der BH hat nichts mit ihm zu tun, er sieht ihn zum ersten Mal. Er hat keine Ahnung, wie er hierherkommt. Es muss ihrer sein. Wahrscheinlich hat sie nur vergessen, dass sie ihn gekauft hat. Ein Besuch hat ihn liegen lassen. Er ist an die falsche Adresse geschickt worden. Er gehört seiner Schwester.

Sie hat kurz aufgehört, Pullover und Kleider und Bücher in ihre Tasche zu stopfen, und laut aufgelacht. Blödsinn, hat sie gesagt und kurzzeitig die Leute in den Nachbarzimmern vergessen. Dieses Teil – sie zeigte mit dem Finger auf den BH, der über den Schreibtisch des Freundes ausgespreizt lag – füllt deine Schwester doch im Leben nicht aus!

Daraufhin gab er das Leugnen auf. Er ging zum Angriff über. Er wurde trotzig, wütend. Also gut, sagte er, es gab eine Frau. Es gab sogar mehrere. Sie mache ja nichts anderes als arbeiten, warf er ihr vor, oder lesen oder am Schreibtisch sitzen und schreiben (»tippen«, wie er sagte). Sie habe ja nie

Zeit für ihn. Wenn sie nicht weg sei, dann sei sie mit den Gedanken woanders. Ihm komme sein Selbstgefühl abhanden, sein Selbst*wert*gefühl, er müsse sich erst einmal wiederfinden. Er krönte seine Ansprache mit den Worten: »Ich habe es für uns getan.«

Dieser Schlusssatz hat ihr und ihrem Kumpel Eric viele der drögeren Momente in der Arbeit versüßt (die dicht gesät sind). Sie hängen ihn mit Vorliebe an reine Ich-Aussagen an, je ichbezogener, desto besser. Extrapunkte gibt es, wenn man ihn in Unterhaltungen einschmuggelt, an denen ein älterer Kollege teilnimmt, was nicht schwerfällt, denn so ziemlich alle sind älter als sie.

»Ich habe ein Sandwich gegessen«, raunt Eric etwa an seinem Ende des Büros in den Hörer, »und ich habe es für uns getan.«

»Ich habe mir in der Mittagspause neue Schuhe gekauft«, meldet sie ihm, »für uns natürlich.«

»Ich war gestern Abend im Kraftraum«, verkündet er laut, »und du sollst wissen: Ich habe es für uns getan!«

Es ist zwei Jahre her, dass der Vierundzwanzig-Stunden-Bus aus Prag sie an einem nebelfeuchten Londoner Busbahnhof abgesetzt hat. Bis jetzt hat sie gebraucht, um eine Stelle zu finden, die ihr nicht als Sackgasse erscheint. Sie ist Redaktionsassistentin bei einer Zeitung. Sie nimmt Anrufe entgegen, öffnet die Post, ruft Kritiker an, um sie daran zu erinnern, dass ihre Rezensionen fällig sind, sie telefoniert hinter dem IT-Menschen her, wenn die Computer streiken, sie holt den Umbruch aus der Herstellung, sie gleicht Überschriften ab, sie läuft in die Bildredaktion, um Fotos herauszusuchen, sie räumt auf – Schränke, Regale, Postablagen, Stühle, Schreibtische, Schubladen. Sie tut, was immer man ihr aufträgt, und flicht dabei, höflich, beharrlich, die immer gleiche Bitte ein, auch einmal einen Beitrag schreiben zu dürfen. Sie versichert Redakteuren, Hilfsredakteuren, Kritikern, Korrektoren am Telefon, im Raucherzimmer, in der Nische mit dem Fotokopierer, dass sie alles ganz großartig machen. Es ist ein Job, bei dem alles geboten ist: lange Arbeitszeiten, divenhafte Persönlichkeiten, unverhoffte Panikschübe, steile Lernkurven, hitziger Büroklatsch, knappe Fristen, Tage ohne Mittagspause und dann wieder Tage, an denen sie für Stunden am Stück aus der Redaktion entführt wird, von älteren Kollegen, die ihr teure Mahlzeiten aufnötigen, um sie dabei über irgendwelche Interna ihrer Abteilung auszuhorchen. Ihr Alltag wird bestimmt durch immer neue Wechsel auf der Führungsebene (ausnahmslos über die Köpfe aller Betroffenen hinweg), durch trockene Sandwichs, Entlassungsängste, den Kampf mit dem Kaffeeautomaten, Sicherheitsausweise, Liftfahrten, Berge von Druckfahnen, nächtliche U-Bahn-Odysseen am Ende des Pressetags, sonderbare Gratisgeschenke (eine Reflektortasche, ein Briefbeschwerer, in den die Köpfe von Autoren eingelassen sind, Gummistiefel in der falschen Größe, Werkzeug aus Schokolade und einmal, aus heiterem Himmel, ein erstaunlich edler deutscher Füllfederhalter – den sie bis auf den heutigen Tag benutzt).

Insofern hat ihr Ex also recht. Sie bleibt lange in der Arbeit. Sie ist mit den Gedanken woanders. Wenn sie zu Hause ist, was nicht oft vorkommt, ist sie in der Regel am

Schreiben (»Tippen«). Sie hat mit etwas begonnen, das sie bei sich selbst eine Kurzgeschichte nennt. Bloß eine Kurzgeschichte. Beim letzten Zählen waren es schon über zwanzigtausend Wörter, und es werden immer mehr. Als sie sich mit ihrem Freund Will auf einen Kaffee trifft – sie sind zu diesem Zeitpunkt Freunde, gute Freunde, sehr gute Freunde, Freunde, die jeden Tag telefonieren, sich ein-, zweimal die Woche sehen, Freunde, die vielleicht ein bisschen arg viel Anteil an Liebesfreud und -leid des jeweils anderen nehmen – und er sie fragt, woran sie schreibt, erzählt sie ihm von ihrer Kurzgeschichte, ihrer langen Kurzgeschichte. Er schaut sie an, auf seine durchdringende Weise, macht die Augen schmal und sagt: Du schreibst einen Roman.

Nein, sie schüttelt den Kopf, natürlich nicht, das könnte ich gar nicht, beim besten Willen nicht, wie kommst du auf so was?

Spätnachts, wenn ihr Nochfreund murrt, ob sie vielleicht irgendwann auch ins Bett kommt, murmelt sie abwesend, gleich. Es ist so schön still, die Mitbewohner schlafen alle, das Arbeiten an der Geschichte vereinnahmt sie, erfüllt sie auf eine Art, wie noch nie etwas sie erfüllt hat, die Worte fließen hervor unter dem blinkenden Cursor, ein Absatz gebiert den nächsten wie eine Matrjoschka-Puppe die andere. Dann ist es plötzlich drei, Erschöpfung und Hochgefühl schlagen über ihr zusammen, und sie kriecht ins Bett, im Geist noch immer bei ihrer Geschichte, außerstande, den Weg in den Schlaf zu finden, und lauscht den Geräuschen der erwachenden Stadt.

Sie hat die vorgeschriebene Zeit abgewartet; sie weiß, dass es Monate dauert, bis das Virus im Blut nachweisbar ist. (Versteckt es sich irgendwo, fragt sie sich, wie der Bösewicht im Kindertheater, hinter einer Tür, im Kamin, im Geäst eines Baums?) Wie jeder, der in den Achtzigerjahren groß geworden ist, kennt sie die Regeln, die Risiken, die Ursachen. Sie hat noch die warnenden Fernsehspots der Thatcher-Regierung vor Augen: das umstürzende Grabmal, die sich in den Stein bohrenden Meißel.

Also ist sie unterwegs zu einer Beratungsstelle, um sich testen zu lassen. Keine Aussicht, die froh stimmt, vielmehr ein Akt, den man hinter sich bringen muss. Sie möchte sichergehen, dass ihr Ex-Freund ihr kein Andenken hinterlassen, nichts Unheilvolles in ihre Blutbahn eingeschleust hat.

Sie hat Eric überredet, sich zur Gesellschaft gleich mittesten zu lassen. Eric schwingt große Reden auf dem Weg von der U-Bahn, gestikuliert, zupft an den Enden ihres Schals.

In der Beratungsstelle sorgt sein Erscheinen für administrativen Verdruss. Die Rezeptionistin kann es nicht gutheißen, dass Eric ohne Termin anspaziert kommt. »Ich sag's, wie's ist«, sagt er und schiebt schwungvoll die Sonnenbrille hoch, »mein Fall ist dringender als ihrer.«

Sie kann sehen, wie die Rezeptionistin schon Luft holt, um ihn zurechtzuweisen, sich auf ihre Richtlinien zu berufen und ihm den Test zu verweigern, doch dann blickt sie Eric ins Gesicht, schaut ihn zum ersten Mal bewusst an.

Eine kurze Pause tritt ein.

Dann nickt die Rezeptionistin zu dem Stoß Formulare hin, und sie gehen zusammen in den Wartebereich.

»Geben Sie Ihre Sexualpartner der letzten fünf Jahre an«, liest Eric laut vor – etwas zu laut. »Glaubst du, hier kann man Papier nachkriegen wie beim Examen?«

»Pscht«, macht sie, und er antwortet mit einem beleidigten »Was denn?«, und sie kämpft das Lachen nieder, weil ihr Lachen blasphemisch erschiene, hier in dieser Aids-Beratungsstelle, wo alle anderen mit gesenkten Lidern über den labyrinthischen Formularen sitzen und jeden Blickkontakt vermeiden.

Eric seufzt, rutscht herum, sagt, sie müssen sich für nachher etwas zur Belohnung vornehmen. »Was macht man, wenn man die Namen nicht weiß?«, fragt er und tippt mit dem Stift auf sein Klemmbrett. »Schreibe ich einfach Mann Nr. 1, Mann Nr. 2? Oder, wenn ich schonungslos ehrlich bin, Mann Nr. 99, Mann Nr. 100?«

Im selben Moment wird ihr Name aufgerufen, und sie steht auf, Klemmbrett in der Hand, und hält auf eine Frau in einem grünen Kittel zu. Eric kommt hinter ihr her; das wird er ihr noch heimzahlen, zischt er, dass sie ihn hierhergeschleppt hat, dass sie ihm das antut, wo sie doch haargenau weiß, wie sehr er sich vor Spritzen fürchtet. In ihren blauen Turnschuhen überquert sie den Teppich, und auf diesem Weg geht ihr die Tragweite des möglichen Ausgangs erst richtig auf. Könnte es sein, dass ihr Ex-Freund sie mit etwas infiziert hat, etwas Lauerndem, Gefährlichem? Dass sein Körper bei der Trägerin des fleischfarbenen BHs – oder einem seiner anderen Verhältnisse – etwas aufgeschnappt und in ihrem Körper abgelagert hat? Sie hat sich keinerlei Spekulationen darüber erlaubt, wer diese Frauen waren, ob sie sie kennt, ob sie den Blick über ihre auf dem Stuhl aufgehäuften Kleider haben wandern lassen, über ihren Bücherturm neben dem Bett, ihr Schminkzeug und die Zahnbürste im Bad, die Fotos von ihren Schwestern und Nichten an der Wand, ihren Mantel an der Tür, ob sie gedacht haben: Wer mag sie wohl sein? Sie versucht, sie sich möglichst nicht vorzustellen: wie sie aussahen, wo er sie berührt hat, was sie miteinander geredet haben mögen, wie er es fertiggebracht hat, nichts zu sagen nach dem ersten Mal, wie er von ihnen zu ihr kommen konnte, ohne sich zu verraten. Untreue ist so alt wie die Menschheit; es gibt nichts darüber zu denken oder zu sagen, das nicht bereits gedacht oder gesagt worden wäre. Wieder und wieder lässt sie die Tage Revue passieren, ihre Gespräche, die gemeinsamen Spaziergänge, fragt sich, warum um alles in der Welt sie nichts gemerkt hat, wie es sein kann, dass es ihr entgangen ist, dass sie nichts wusste. Der Schmerz sitzt tief, demütigend, zehrend.

Sie weiß das, Eric weiß es. Nur deshalb reißen sie ja so ausgelassene Witze darüber, mit einer Pietätlosigkeit, die im Zweifel alle in Hörweite nervt. Manchmal ist Schnodderigkeit der einzige Weg nach vorn, die einzige Rettung.

Vielleicht allerdings hat genau diese Schnodderigkeit sie daran gehindert, die Möglichkeit in Betracht zu ziehen, dass das Testergebnis positiv sein könnte. Das wird ihr klar, während sie nun auf die Schwester zugeht. Sie hat den Termin hauptsächlich der Schau halber vereinbart – damit Eric sieht, wie sie die Nummer wählt, damit er hört, wie sie den Termin ausmacht, damit sie vor dem Heimgehen zu ihm sagen kann: Komm doch einfach mit. Du könntest mir Gesellschaft leisten. Wir machen den Test zusammen.

Sie fühlt sich wie auf dem Drahtseil auf ihrem Weg zum Sprechzimmer, hinter ihr Eric, vor ihr die Schwester. Was ist, wenn sie bei ihr etwas finden? Wenn sich ihr Schautermin plötzlich als tödlicher Ernst herausstellt? Sie malt sich aus, wie sie ihren Ex damit konfrontiert. Wie sie aus der U-Bahn steigt und die vertraute Strecke geht, am Kricketplatz vorbei, durch den Busbahnhof und die Stufen zu der Haustür hinauf, deren Schwelle sie eigentlich nie wieder übertreten wollte, um ihm dann zu sagen – ja, was eigentlich? Ich muss mit dir reden? Ich habe eine Neuigkeit für dich? Was sagt man in so einer Situation? Wie schneidet man so ein Thema an?

Aber in erster Linie denkt sie, während sie den Ärmel hochschiebt, während sie eine Faust macht und den Kopf wegdreht – weil sie die Nadel so ungern zustechen sieht, so ungern sieht, wie sich das Fleisch unter ihrer Spitze eindellt –, nicht an ihren Ex-Freund oder die anderen Frauen oder die Wohnung, in der sie miteinander gelebt haben. Sie denkt nicht an ihre Pflanzen, die bei ihm zurückgeblieben sind und die er mit Sicherheit verdursten lässt, nicht an die Wände, die sie gestrichen, oder die Vorhänge, die sie aufgehängt hat, halsbrecherisch auf der kippelnden Trittleiter. Sie denkt an Eric, an seine ockergraue Haut, die cornflakegroße Schorfkruste in seinem Gesicht, die nicht heilen will, an die opalblassen Monde seiner Fingernägel auf der Tastatur, wenn er ihr am Computer gegenübersitzt. Ein irrationaler Drang packt sie, zu der Schwester zu sagen: Machen Sie, dass alles gut ist. Bitte. Für ihn. Machen Sie, dass ihm nichts fehlt.

Ursache unbekannt

2003

Es hilft nichts. Dem Baby ist es ernst, sein Geschrei wird immer heftiger, immer schriller. Es windet sich im Geschirr des Kindersitzes, sein Gesicht verzerrt und puterrot vor Hunger, vor Not.

»Kannst du anhalten?«, sage ich gepresst.

Wir fahren über eine lange, einsame Straße in Frankreich. Auf der einen Seite steht der Mais hoch und reglos in der stummen, überhitzten Luft, auf der anderen breitet sich hinter ein paar gestrüppüberwucherten Dünen das Meer aus.

Will lenkt an den Rand und zieht die Handbremse. Ich beuge mich zwischen den Sitzen hindurch, um das Baby von der Rückbank zu holen, und Will sagt: »Ich gehe ein bisschen zum Meer runter.«

Ich nestle mit den Schnallen eines unvertrauten Kindersitzes, fädle winzige, zornige Gliedmaßen zwischen den schwarzen Riemen hervor, stütze den verletzlichen Hinterkopf meines Sohnes ab, während ich mich zurück auf den Beifahrersitz manövriere, deshalb registriere ich nur halb, was Will gerade gesagt hat. »Ist gut.«

Das Kind ist außer sich vor Empörung, seine Fäuste und Beine rudern wild durch die Luft. Ich kämpfe – jongliere, genauer gesagt – mit meinen Blusenknöpfen, dem Verschluss meines Still-BHs, einem Moltontuch, einer Stilleinlage. Es ist heiß, mein Sohn und ich sind verschwitzt. Keine einfache Übung, dieses Zusammenführen zweier Körperteile, diese Ankoppelung, Kiefer an Brust. Ich habe den Bogen noch nicht ganz raus. Dabei bekomme ich es doch überall vorgemacht, in Cafés, im Bus, in den Umkleideräumen der Kaufhäuser. Die geschickte Aufwärtsbewegung des Anlegens, so locker, wie nebenbei, und schon nuckeln die Kleinen friedlich, kein Zappeln, kein Sich-Krümmen, während ich sie verstohlen und neidisch beäuge und mich frage, wie diese Frauen das schaffen, was ihr Geheimnis ist und ob ich es je zu einer solchen Meisterschaft bringen werde. Ich scheine zwei linke Hände zu haben, komme mir immer täppisch vor, übernervös, mein Sohn glatt wie ein Aal in meinem ungelenken Griff.

Jetzt allerdings ist das Kind so verhungert, dass es mit einem schnellenden Zuschnappen andockt. Meine Fäuste ballen sich, so weh tut es. Zum Glück hört niemand mich aufschreien. Ich presse die Finger an die Stirn und summe leise, während ich darauf warte, dass der Schmerz nachlässt.

Wir sind für zwei Wochen in Frankreich. Was habe ich mir nur dabei gedacht, einen Urlaub für die Zeit zu buchen, wo mein Kind erst neun Wochen alt sein wird? Aber das war damals, *davor*, als ich noch schwanger war, noch davon träumte, in der Sommerwärme mit einem Baby auf der Hüfte Freunde zu besuchen, in Ausstellungen zu gehen, zu lesen, vielleicht zu arbeiten, mein Leben unbeeinträchtigt weiterzuleben.

Die Wahrheit ist weit davon entfernt. Die Wahrheit ist, dass ich gewaltig zu kämpfen habe. Ich halte mit Ach und Krach den Kopf über Wasser. Ich hatte nicht die sanfte Geburt, die wir alle uns wünschen, die Hausgeburt, bei der man sich in einem stillen, abgedunkelten Zimmer seinen Wehen hingibt, als Hilfsmittel ein paar ätherische Öle und die weiche Stimme der Hebamme. Ich musste eine Reihe von Eingriffen in einer unterbesetzten, grell ausgeleuchteten Entbindungsstation über mich ergehen lassen, qualvolle Wehen, die sich über viele Tage und Nächte hinzogen, dann einen Notkaiserschnitt, der nicht glattlief: Das Kind blieb stecken, seine Herztöne wurden schwächer, um ein Haar wäre ich verblutet. Sie haben mich wieder zusammengeflickt und heimgeschickt. Die Wahrheit ist, dass dieses Kind und ich vor gut zwei Monaten knapp dem Tode entronnen sind. Die Narbe quer über meinen Unterleib kommentierte meine Schwester mit den Worten: »Weißer Hai 3«.

Die Wahrheit ist, dass ich nicht schlafen kann, selbst wenn ich einmal nicht stille. Wenn ich doch schlafe – auf dem Sofa, im Stuhl sitzend –, suchen mich kurze, verworrene Träume heim, in denen Unbekannte mir und meinem Sohn Gewalt antun, Träume, in denen er mir aus den Armen genommen wird oder in denen das Babykörbchen oder der Kinderwagen plötzlich leer sind. Wenn ich in den ersten Stock will, muss ich bei der sechsten oder siebten Stufe aufgeben, weil sich in meinem Kopf ein schwimmendes, wattiges Gefühl ausbreitet. Ich schaffe es nicht bis in den Park. Ich schaffe es nicht bis zu dem Laden an der Ecke. Mein Sohn und ich betrachten einander in den beiden schattigen Erdgeschossräumen unseres Häuschens, während gegen die Außenmauern eine Hitzewelle brandet. Freunde kommen zu Besuch, und es ist, als könnte ich sie nicht hören, als wären sie hinter Glas oder einer Wasserwand; sie wirken so fern, dabei sitzen sie nur ein Stück von mir weg. Wie war die Geburt?, wollen die Leute wissen, einen interessierten, wohlmeinenden Ausdruck im Gesicht, und ich zermartere mir das Hirn nach einer Antwort.

Das Stillen nimmt den ganzen Tag und die ganze Nacht in Anspruch; das Kind scheint hungrig, aber nach der Hälfte bäumt es sich plötzlich auf, zieht die Knie an, seine Züge verzerrt von Entsetzen und Schmerz, und dann heult es los, brüllt, plärrt Stunde um Stunde, bis es Zeit für die nächste Runde ist.

Etwas stimmt nicht, das weiß ich. Vielleicht liegt es an mir. Vielleicht taugt meine Milch nichts, vielleicht habe ich zu viel Milch oder zu wenig. Vielleicht packe ich es falsch an. Vielleicht bin ich schlicht unfähig. Aber ich bin so misstrauisch geworden gegen Ärzte, Formulare, Krankenhäuser, so traumatisiert von dieser Maschinerie, die mich immer wieder schluckt, gründlich durchkaut und lange Zeit nicht mehr ausspuckt, dass ich mir, wenn die Sozialschwester vorbeikommt, ein Lächeln abzwinge und erkläre, ja, alles bestens. Ganz wunderbar. Nein, ich weine nicht häufiger als sonst. Ja, er ist ganz brav, er schläft durch, mir geht es blendend.

In ein paar Monaten werde ich in einer Arztpraxis in der Stadt, in der ich aufgewachsen bin, auf meine Mutter warten, die dort einen Termin hat, und versuchen, meinem Sohn die Brust zu geben. Er zieht sein übliches Programm ab, seine plötzlichen Unterbrechungen, sein Krampfen, Schreien, Sich-Winden, seine Kniestöße; ich ziehe mein übliches Programm ab, mein Rückenklopfen, meine Positionswechsel, mein Stillen-im-Stehen, und ich wandere hin und her dabei, weil er nur trinken kann, wenn wir in Bewegung sind. Eine Frau kommt vorbei und sieht uns mit verdecktem Interesse an. Ich kümmere mich nicht um sie, versuche nur, mein Kind zu beschwichtigen, es zum Trinken zu überreden, während ich es weiter von Wand zu Wand schleppe, an jedem Ende wendend wie eine Langstreckenschwimmerin. Sie kommt wieder vorbei, lächelt mir zu.

»Hallo«, sagt sie. »Ich bin Stillberaterin. Läuft das Stillen bei Ihnen immer so ab?«

Statt einer Antwort breche ich in Tränen aus.

Innerhalb von Sekunden sitze ich bei ihr im Sprechzimmer, und sie hält meinen Sohn. Ich versuche zu erklären, dass ich keine Patientin in dieser Praxis bin, dass ich in London lebe, dass ich nur meine Mutter begleite, aber die Frau zuckt mit den Achseln, lächelt, wischt meine Bedenken vom Tisch. Sie befragt mich zu meinem Sohn, und ich sage ihr, dass er für gewöhnlich erst ganz normal trinkt, aber dann mittendrin plötzlich zurückzuckt, als hätte er Schmerzen. Ich sage ihr, dass ich ihn zu Hause stillen muss, immer, da es in der Öffentlichkeit völlig undenkbar ist, und dass ich das Telefon ausstöpseln und die Türklingel abstellen muss, weil schon das kleinste Geräusch ihn aufschrecken lässt und stundenlanges Brüllen zur Folge haben kann. Ich erzähle ihr all diese Dinge, die für mich völlig normal sind, aber der Akt des Sprechens macht mir klar, dass nichts daran normal ist.

»Das heißt, Sie bleiben mit ihm daheim?«

»Ja.«

»Nur zum Stillen oder auch in der Zeit dazwischen?«

Ich überlege einen Moment. »Na ja, in der Zeit dazwischen, da ...«

»Da schreit er?«

Ich nicke.

»Also stillen Sie ihn oder versuchen ihn zu stillen, und dann schreit er, und dann?«

»Versuche ich ihn wieder zu stillen.«

Sie lässt ihn auf ihrem Knie hüpfen, und er lacht und greift nach ihren Ketten. »Macht er Bäuerchen?«

Ich schüttle den Kopf.

»Ich glaube«, sagt sie zu ihm, und er lauscht gebannt, »du bist ein Refluxbaby. Man spricht auch von Stillem Reflux, frag mich nicht, warum, von still kann nämlich gar keine Rede sein. Die schlechte Nachricht ist, dass wir dagegen nichts machen können, aber die gute Nachricht ist, dass es nach ungefähr sechs Monaten von allein weggeht, und ich würde sagen« – sie hebt seinen inzwischen recht stattlichen Körper hoch in die Luft –, »du hast es schon fast geschafft.« Sie wackelt mit dem Kopf hin und her. »Um dich müssen wir uns also keine Sorgen machen. Überhaupt keine. Die

Frage ist jetzt«, sie redet immer noch mit ihm, »was machen wir mit deiner Mama? Weil deine Mama sich nämlich ganz großartig um dich kümmert, aber jetzt braucht sie selbst ein bisschen Hilfe, meinst du nicht?«

Aber das kommt alles erst später. Vorerst ist mein Sohn noch neun Wochen alt, und ich muss irgendwie zurechtkommen mit dieser neuen Aufgabe, diesem neuen Leben. Vorerst bin ich in Frankreich, aus Gründen, die mir selbst nicht mehr klar sind, und versuche ihn zu stillen, in einem heißen Auto am Straßenrand. Vorerst ist Will irgendwo hinter den Dünen, am Meer, und aus dem Maisfeld auf der anderen Straßenseite brechen zwei Männer.

Sie sind noch ein Stück entfernt. Mein Sohn trinkt endlich ruhig, und ich sitze so still wie nur möglich, um ihn nicht zu stören und einen neuerlichen Anfall auszulösen.

Die Männer haben ihre Isomatten mit Gurten auf den Rücken geschnallt. Ihre Kleider sind zerlumpt, ausgeblichen von der Sonne, ihre Haut braun gebrannt. Einer hat wasserstoffblondes Haar, der andere einen strähnigen Pferdeschwanz. Sie nehmen das Auto ins Visier, beraten sich, fassen einen Beschluss. Sie überqueren die Straße, ohne zu schauen, weil es die Art von Straße ist, bei der das geht: leer, still, verlassen.

Über den staubigen Asphalt sehe ich sie herankommen. Sie sind jetzt direkt vor mir, verdecken den Fluchtpunkt. Ich werfe einen Blick Richtung Strand. Wo ist Will? Kann er sie auch sehen? Würde er mich hören, wenn ich rufe?

Ich entdecke ihn nirgends. Die Männer nähern sich. Sie beschleunigen ihre Schritte, ihre Augen fixieren mich, fixieren das Auto. Der eine trägt Flipflops, der andere läuft mit nackten Sohlen über den heißen Teer.

Mein Blick wandert zum Zündschloss. Könnte ich einfach wegfahren? Mein Kind auf den Sitz legen, Gas geben und Will später einsammeln? Der Schlüssel steckt nicht: Will muss ihn mitgenommen haben. Ich strecke die Hand aus, um den Türknopf zu drücken, aber es gibt keinen. Ich starre auf das Armaturenbrett dieses ungewohnten Mietwagens. Irgendwo muss der Knopf für die Zentralverriegelung sein, aber ich finde ihn nicht. Ich sehe die Tasten für die Klimaanlage, Rädchen, mit denen man die Temperatur höher oder niedriger stellt, Schalter, die die Fenster öffnen und schließen. Ich sehe zahllose Regler für das Soundsystem, CD, Kassette, lauter, leiser.

Mittlerweile fummle ich hektisch herum, mein Sohn hat die Brust losgelassen und stößt ein schrilles Jammergeheul aus, entgeistert über die Unterbrechung, und die Männer sehen meine Panik, sehen mein Problem, sie fangen zu laufen an, und ich habe keine Ahnung, was sie wollen – Geld, Auto, Kind, Frau –, aber ich will es auch nicht herausfinden. Ich muss die Antwort auf diese Frage nicht kennen, weil sie sie vielleicht selbst nicht kennen. Vielleicht nehmen sie es einfach, wie es kommt, nutzen die Gelegenheit, wie sie sich ihnen bietet. Noch immer fingere ich an den Knöpfen herum, noch immer brüllt mein Sohn, noch immer kommen die Männer näher und immer näher.

Sie sind fast da – so nah, dass sie nur die Hand ausstrecken müssten, um die Wölbung der Motorhaube zu berühren –, da finden meine Finger, auf Höhe des Türgriffs auf der Fahrerseite, einen Knopf mit dem Symbol eines Vorhängeschlosses. Mit einem tiefen, volltönenden Klacken rasten alle fünf Türschlösser ein.

Die Männer umrunden das Auto. Sie rütteln an den Türen, vorn, hinten, sie drücken die Hände an die Fenster, spähen hinein zu mir auf meinen Sitz: eine Brust entblößt, ein um sich schlagendes Baby im Arm. Das Auto schaukelt hin und her, aber ich sitze nur da, beschützt, verschanzt, geborgen hinter meinem Burgwall aus Metall und Glas. Ich schaue in ihre Augen – wilde Augen, so blau wie die kalte, kalte See –, ich schaue auf die Rillen in ihren Handflächen, die sich weiß gegen die Scheiben pressen. Ich keuche, sie keuchen.

Einer versetzt dem Dach einen Hieb, frustriert, voller Wut. Ein Brummen ertönt, wie von einem Fagott. Dann geben sie auf, wenden sich ab, kommen am Heck des Wagens wieder zusammen, steuern schräg über die Straße, tauchen zurück in das Dickicht aus Mais.

Lunge

2010

Sobald das Wasser zu tief für ihn wird, nehme ich meinen Sohn auf den Rücken, und wir bilden ein halb watendes, halb schwimmendes Tandem, seine kleinen Hände um meine Schultern.

Wir wollen hinaus zu einer Plattform ein Stück vom Ufer entfernt; ein anderer Hotelgast hat uns gesagt, die Strecke ließe sich »leicht zu Fuß machen«. Seit dem Morgen schon sitzen mein Sohn und ich an diesem afrikanischen Strand unter einer Palme, aber jetzt schläft das Baby auf einem Handtuch, bewacht von meinem Mann, darum sind wir zwei zu diesem Wasserabenteuer aufgebrochen.

Ich bin hier, um eine Reisereportage über nachhaltigen Tourismus in Ostafrika zu schreiben. Wir sind nach Tansania geflogen, über den Gipfel des Kilimandscharo hinweg, der weiß aus seinem dicken Wolkenvlies herausstach. Wir sind mit einem kleinen, ratternden Flugzeug auf Sansibar gelandet, auf einem Sträßchen zwischen Bananenbäumen. Wir haben mit blutegelfesten Socken an den Füßen Gewürzwälder durchwandert, haben in Binsenhütten übernachtet, haben auf einer unbewohnten Insel die Zickzackstufen eines Leuchtturms erklommen und die Vegetation nach einer seltenen und äußerst scheuen Hirschart abgesucht.

Und nun endet die Recherchereise, fast schon pervers, mit zwei Tagen in diesem Urlaubshotel, einer Anlage, die luxuriöser und feudaler ist als alles, was ich je erlebt habe. Mit Nachhaltigkeit hat das hier wenig zu tun. Weiß livrierte Männer harken den Sand im Morgengrauen von Seetang frei. Die Bäume werden mit einer Art Handstaubsauger von dürren Blättern befreit. Kaum setzt man sich auf einen Stuhl, ist schon ein Diener mit einem Tablett voll kühler Getränke zur Stelle. Ein Blick auf das azurblaue Wasser des Pools, und man bekommt ein Badetuch gereicht. Unablässig sind rings um uns irgendwelche Heinzelmännchen am Werk: Frische Blumen erscheinen auf dem Nachttisch, unsere Handtücher formen sich zu Schwänen, unsere Kleider werden neu aufgehängt, neu gefaltet, neu drapiert. Mein Sohn kann es nicht fassen und ich letztlich auch nicht. Ich verbringe viel Zeit damit, Leuten für Handgriffe zu danken, von denen ich nie erwartet hätte, dass irgendwer sie für sich selbst ausführt, geschweige denn für mich.

Es ist eine Erlösung, im Wasser zu sein. Hier besteht keine Gefahr, dass jemand mit einem Eiskübel, einer Fingerschale, einem Teller voll handgemachter Pralinen auf mich zustürzt. Niemand versucht das Meer zu putzen. Das Wasser ist von einem klaren Türkis, der Sand weiß; Schwärme winziger Fische umschnellen meine Beine, erst eins, dann das andere. Die Plattform draußen wippt auf und ab, verheißend, fast als schwebte sie in der Luft.

Bevor wir in meinem letzten Schuljahr mit dem Lateinkurs nach Italien fuhren, war ich noch nie geflogen. Allein schon die Ankunft in Rom war für mich als Siebzehnjährige wie eine Bluttransfusion. Noch im Bus vom Flughafen überwältigten mich die Farben der Stadt – das satte Ockergelb der Steinmauern, das schonungslose Blau des Himmels, die grünen Vespas, das angelaufene Gold der Liremünzen, die schwarzen Haare der Männer, die uns durch die Busfenster Zeichen machten und dazu mit den Lippen schmatzten. Alles begeisterte mich, die Teller mit Spaghetti und frischem Basilikum, die Körbe voll salzlosem Brot, die seltsamen knubbeligen Kopfkissen, die Fenster mit den zugeklappten Läden, die Hupkonzerte, das Rattern und Rufen an den Kreuzungen und die Sprache mit ihren samtigen Vokalen, ihrem arpeggierten Auf und Ab. Die Spanische Treppe, der Brunnen, der eine Barkasse bildet, das rosa Haus, in dem der Dichter starb, das Halbrund des Kolosseums, wie ein Gebissabdruck beim Kieferorthopäden. Ich hatte dergleichen noch nie gesehen. Ich wusste nicht aus noch ein vor Glück. Ich war sprachlos, ständig den Tränen nahe, todtraurig bei der Vorstellung, dass ich am Ende der Woche würde abreisen müssen und diese Stadt, ihre Plätze, ihre Lebendigkeit ohne mich weiterexistieren würden. Ich wollte alles sehen, überall hingehen, nie wieder nach Hause zurückkehren.

Wir besichtigten Rom und dann Pompeji, wo ich die Rinne im Rand eines Trinkbrunnens befühlte, ihr Stein glattgewetzt von den Händen all der Durstigen, die sich hier vor zweitausend Jahren zum Wasserstrahl vorgebeugt hatten. Wir erkundeten die gewundenen Pfade von Capri, wir bestiegen den schwelenden Gipfel des Vesuv, mit denkbar ungeeignetem Schuhwerk, sodass sich Körnchen vulkanischer Asche in den Gummikanten meiner Sohlen einnisteten. Viel später, daheim, fand ich sie dann in meinen Schlafzimmerteppich verstreut. Ich las sie auf, sorgsam, zwanghaft, und füllte sie in ein Glas: mein Stück Italien.

Die Unrast, die mich von klein auf umgetrieben hatte, wurde durch diese Klassenfahrt nicht nur weiter geschürt, sie erhielt erstmals eine Richtung. Endlich hatte ich einen Weg gefunden, ihr zu begegnen, mit ihr umzugehen; endlich konnte ich das einordnen, was mich jahrelang nur irritiert und verwirrt hatte: dieses Ungenügen, dieses Eingeengtsein im Alltag, dieses juckende und kratzende Korsett der immer gleichen Abläufe.

Als Kind hatte ich *Alice im Wunderland* vorgelesen bekommen, und als Alice seufzte: »Ach, wenn ich nur dem Alltag entfliehen könnte. Am liebsten würde ich mit meiner Fantasie durchgehen!«, da setzte ich mich kerzengerade in meinem Bett auf und dachte: Ja. Ja. Genau das ist es. Die Klassenfahrt zeigte mir, dass es möglich war, diese Sehnsucht zu lindern, sie zu stillen. Ich brauchte dafür nur zu verreisen.

Mark Twain nannte das Reisen nach seiner Mittelmeerumseglung 1869 den »Todesstoß für Vorurteile, Borniertheit und Engstirnigkeit«. Neurowissenschaftler versuchen seit Jahren dahinterzukommen, was genau am Reisen uns so sehr verändert, was daran uns mental so stark beeinflusst.

Nervenpfade automatisieren sich, werden ausgetreten,

wenn sie nur noch Gewohntes transportieren. Sie sind stark auf Veränderungen ausgerichtet, auf Neuheit. Neue Anblicke, Klänge, Sprachen, Geschmäcker, Gerüche stimulieren die Bildung neuer Synapsen im Gehirn, neuer Nachrichtenwege, neuer Verknüpfungen, sie erhöhen unsere neuronale Plastizität. Unser Gehirn ist dafür ausgelegt, Abweichungen vom Vertrauten zu registrieren; dadurch werden wir auf Feinde aufmerksam, auf potenzielle Gefahren. Empfänglich für Veränderung zu sein sichert unser Überleben.

Um den amerikanischen Sozialpsychologen Adam Galinsky zu zitieren, der sich mit dem Zusammenhang zwischen Kreativität und Reisen beschäftigt hat: Auslandserfahrungen steigern »die kognitive Flexibilität wie auch die Schärfe und Integrativität des Denkens, das Vermögen, grundlegende Verbindungen zwischen disparaten Erscheinungsformen zu schaffen.«[*]

Genau das war es, was ich damals, mit siebzehn, instinktiv spürte: diesen unabwehrbaren Ansturm von Neuem, dieses Stimulans unerforschten Terrains, das Hereinbrechen des Unvertrauten, das sämtliche Synapsen zum Lodern brachte. Ich habe diese ersten Eindrücke auf der Busfahrt vom Flughafen nach Rom hinein nie vergessen. Und das Reisen hat nichts von seiner Faszination verloren. Es gibt mir immer noch den gleichen Kick, psychisch wie physisch, mich in einer neuen Umgebung wiederzufinden, am Fuß der Gangway von einem fremden Klima empfan-

---

[*] Brent Crane, »For a more creative brain, travel«, *The Atlantic*, 31. März 2015.

gen zu werden, von fremden Gesichtern, fremden Sprachen.

Nur das – und natürlich das Schreiben – hilft gegen die Rastlosigkeit, die unterschwellig immer in mir gärt. Wenn ich zu lange am Stück daheim bin, eingespannt in den Trott des Kinderabholens, Broteschmierens, Zum-Schwimmunterricht-Bringens, Wäschewaschens, Aufräumens, fange ich an, abends durchs Haus zu tigern. Ich ertappe mich nachts in der Küche dabei, dass ich ein verzwicktes neues Rezept ausprobiere. Ich ordne meine Sammlung skandinavischer Glaswaren um. Ich wandere seufzend vor dem Bücherregal hin und her auf der Suche nach etwas, das ich noch nicht kenne. Ich miste den Kleiderschrank aus, bringe spontan riesige Berge von Sachen zu Oxfam. Ich suche Veränderung, Neuheit, mit welchen Mitteln auch immer. Wenn mein Mann spät nach Hause kommt, kann es gut sein, dass ich sämtliche Wohnzimmermöbel umgestellt habe. Leicht lebt es sich mit mir in diesen Phasen nicht. Dann zieht er eine Braue hoch, während ich schwitzend das Sofa an die gegenüberliegende Wand schiebe, um zu sehen, wie es sich dort machen würde. »Vielleicht«, sagt er und bindet sich die Schuhe auf, »sollten wir mal wieder verreisen.«

Seit der Klassenfahrt damals bin ich gereist, wann immer ich konnte, sooft ich Zeit und Geld dafür hatte. Kinder, so stand für mich fest, sollten daran nichts ändern. Meine Kinder würden Reisende wie ich sein, begierig darauf, die Welt zu sehen, andere Kulturen kennenzulernen, andere Orte, andere Perspektiven. Ich würde sie mir auf den Rücken schnallen und losziehen.

Mein Sohn war ein Säugling, als wir zum ersten Mal mit ihm flogen; er war anderthalb, als ich ihn mit nach Italien nahm, wo er mit seinem roten Jäckchen und den blonden Locken überall für ein Mädchen gehalten wurde. Diese Reise jetzt, mit sieben, ist seine erste außerhalb von Europa.

Wir sind nach wie vor auf dem Weg zur Plattform, die nicht sehr viel näher zu rücken scheint, und wir reden über die Brandungslinie, die wir ein gutes Stück entfernt sehen. Ich erkläre meinem Sohn gerade, dass die Insel von einem Korallenriff umgeben ist und das Wasser bis dort draußen sehr seicht ist, als der sandige Meeresgrund unter meinen Füßen abrupt abfällt.

Ich strample mit den Beinen, mache Schwimmbewegungen, halte uns an der Oberfläche. Mein Sohn redet mir weiter ins Ohr, beide Hände auf meinen Schultern, ohne zu merken, dass wir keinen Boden mehr unter den Füßen haben.

Ich fasse unser Ziel ins Auge, die Plattform. Ich denke, dass es zu schaffen sein müsste. Schließlich hat der Mann vorhin gesagt, es ist leicht zu Fuß zu machen, oder? Vielleicht ist das hier nur eine tiefe Stelle, eine Senke, und gleich steigt der Boden wieder an.

Also setze ich den Weg fort, schwimmend jetzt, meinen Sohn auf dem Rücken. Daheim bekommt er seit einer Weile Schwimmunterricht, mit den anderen Kindern am Rand eines Londoner Schwimmbads aufgereiht, Badekappe auf dem Kopf. Ich erkenne ihn immer schon von

Weitem an der Linie seines Nackens, der Wölbung seiner Stirn, dem stoisch-besorgten Ausdruck auf seinem Gesicht, das er hoch aus dem Chlorwasser reckt. Er kommt schon fast quer durch das Becken, er kann Toter Mann, er kann Plastikhaie vom Beckengrund heraraauchen. Was er nicht kann, ist schwimmen, hier, im offenen Meer.

Ich schwimme und schwimme, ziehe die Arme durch, stoße mit den Beinen. Ich halte den Blick auf die Plattform gerichtet, die vor mir auf und nieder schaukelt, auf die rettende silberne Leiter. Ab und zu strecke ich ein Bein nach unten und taste nach dem Grund. Es ist kein Grund da.

Ich schwimme weiter. Die Muskeln in meinen Armen und Beinen brennen schon, werden schwerer. Mein Sohn klammert sich an meinen Schultern fest, ahnungslos, plappernd, rufend. Ich muss ihn immer wieder ermahnen, seine Beinbewegungen zu machen, wie der Schwimmlehrer es ihm beigebracht hat, um mir die Arbeit zu erleichtern.

Er kann nicht schwimmen. Kein anderer Gedanke hat mehr in meinem Kopf Platz. Er kann nicht schwimmen. Er kann nicht schwimmen, und ich bin hier draußen mit ihm unterwegs, weil ich auf einen Fremden gehört habe. Er kann nicht schwimmen, und ich habe ihn mit hinaus ins Tiefe genommen, weil ein Idiot Sprüche geklopft hat.

Die Idiotin bin ich. Ich bin an der Küste aufgewachsen, mit einem Vater, der ein Leben lang im Meer geschwommen war und uns, wann immer wir im Flachwasser der Irischen See hundspaddelten oder Kraulen übten, diesen einen Satz zurief: »Nicht ins Tiefe!« Immerzu hatte ich diese Warnung im Ohr, »Nicht ins Tiefe!«, aber ich wäre nicht ich gewesen, wenn ich anders gekonnt hätte, als diesen einen kleinen Schritt weiter zu tun und den Kies und Sand der Strände von Donegal unter meinen Füßen wegsacken zu fühlen, bis sein Ruf mich wieder zurückpfiff.

Ich hätte es also besser wissen müssen. Habe ich mich so einlullen, so infantilisieren lassen von dem Rundumservice in diesem Luxushotel, dass ich meinen freien Willen abgegeben habe, mein Denkvermögen? Was für eine Mutter bin ich, dass ich mich und mein Kind so in Gefahr bringe? Als hätte ich noch nie von den Gezeiten gehört, von der Unberechenbarkeit des Ozeans, von Sandbänken, die jäh und steil abfallen? So hadere ich mit mir, verfluche meine Dummheit, während ich weiterschwimme, hektisch rudernd jetzt, von Zügen kann keine Rede mehr sein, ich schlage um mich, sonst nichts. Ich sinke, vom Gewicht meines Kindes nach unten gedrückt, aber ich kämpfe mich zurück an die Oberfläche und höre meinen Sohn unbeschwert plappern.

Das Wichtigste ist jetzt, mir nichts anmerken zu lassen, ihn nicht auf die Idee zu bringen, dass wir ein Problem haben könnten, dass es eng wird, zu eng. Ich muss mich nicht umdrehen, um zu wissen, dass mein Mann zu weit weg ist, um uns zu helfen – und ohnehin kann er nicht von der schlafenden Kleinen weg. Wenn er losschwimmen würde, um uns zu retten, könnte sie aufwachen, sie könnte weinen, sie könnte – nur das nicht! – auf die Wellen zukrabbeln.

Was gäbe ich nun dafür, wieder am Strand zu sitzen, nein, wieder zu Hause zu sitzen, in London, meine Kinder sicher und wohlbehalten bei mir, niemals diesen Ort gesehen zu haben, diesen Strand, diese Plattform, niemals dem Gast begegnet zu sein, der mich auf diese Schnapsidee gebracht hat, mich niemals am Frühstücksbüfett mit ihm verplaudert zu haben.

Erneut gehe ich unter, meine Arme so schwach jetzt, dass sie uns nicht mehr vorwärtsbringen. Ich habe keine Muskelkraft mehr, kein Durchhaltevermögen; meine Oberschenkel sind bleiern, meine Reflexe reduziert, mein Bi- und Trizeps lahm. Was habe ich nur gedacht? Wir gehen unter, es passiert wirklich, Salz brennt mir in den Augen, die beißende, schaumige See schließt sich über mir. Ist mein Sohn über Wasser, oder ist er hier unten bei mir? Ich kann es nicht sagen. Was ich jedoch sehe durch die grünlichen, sonnendurchschossenen Tiefen des Salzwassers, ist der Fuß einer Leiter. Zwei silberne Sprossen, die aufblitzen, dann verlöschen. Aufblitzen, dann verlöschen.

Ich stoße mit den Beinen, einmal, zweimal, strecke die Hand aus. Greife vorbei. Stoße noch einmal, strecke mich, und diesmal schaffe ich es. Ich packe die unterste Sprosse, ziehe mich ganz heran. Ich hieve uns ein Stück hoch.

Das Licht, das Wellenklatschen, die Stimme meines Sohnes, der, unfasslich, immer noch redet, stürzen über mich herein. Er klettert von meinem Rücken und über die Leiter hinauf auf die Plattform, wo er juchzend von einem Ende zum anderen rennt. Ich hake die Arme um die Leiter und atme, atme ein und aus.

Kleinhirn

1980

Eines frühen Morgens Ende der Sommerferien wachte ich auf, und die Welt war verändert. Die Farben des Teppichs, der Vorhänge, des Lampenschirms leuchteten greller, sie pulsierten wie ein Herz, wie eine Seeanemone. Das Kinderzimmer schien plötzlich schräg zu stehen, der Boden leicht abkippend, die Fenster auskragend ins Freie. Die Zimmerdecke wölbte sich über mir wie eine glibberige Membran, ein ferner, verschwommener Diskus, und ich lag weit unten, in irgendeiner rätselhaften Tiefe. Alles schimmerte und schwankte. Meine Schwester in der unteren Etage des Stockbetts kam mir meilenweit weg vor.

Eine Zeit lang lag ich da, die Arme dicht am Körper, und ließ es auf mich wirken. Das Licht, die Farben, das Schwappen. Schöne neue Welt.

Nachdem ich lange genug zugeschaut hatte, wie das Zimmer sich auflöste und neu bildete, wollte ich aus dem Bett steigen, aber als ich mich aufrichtete, sprengte etwas in meinem Kopf seine Hülle. Es war ein Schmerz von einer Absolutheit, einer Reinheit, als striche gleich hinter meinen Augen ein Geigenbogen über die höchste Saite. Er dehnte meinen Kopf bis zum Zerreißen, dieser Schmerz, so als wäre mein Schädel ein zu voll gefüllter Wasserballon. Es war ein Schmerz mit einer eigenen Farbe – Weiß und Gelb mit roten Schlieren und Zacken darin – und einer Persönlichkeit. Ich fühlte mich wie in Gesellschaft eines überanhänglichen Cholerikers, der mich in einem fort zu fest umarmte und in mein Ohr brabbelte, der keine Sekunde von mir abließ, der die Herrschaft über mein Leben an sich riss, der an meiner statt antwortete und mich nie wieder freigeben würde.

Der Schmerz glich nichts, was ich bis dahin kannte oder seither kennengelernt habe. Er war randlos, er war vollkommen, wie ein Ei in seiner Schale vollkommen ist. Und er war raumgreifend, ein Usurpator; ich wusste, er wollte das Ruder übernehmen, mich aus mir verdrängen wie ein böser Geist, ein Dämon.

Am Tag darauf verstärkte er sich, gewann an Macht und Richtung, und meine Hände schienen zunehmend ein Eigenleben zu führen. Sie schlackerten und schwangen wie die Gliedmaßen der flachshaarigen, dirndlgewandeten Marionette, die im Kinderzimmer von der Decke hing. Ich griff nach meiner Zahnbürste am hinteren Waschbeckenrand und bekam stattdessen die Wand zu fassen, Luft, dann wieder die Wand. Ich wollte die Finger um einen Stift schließen, aber sie gehorchten mir nicht. Botschaften aus meinem Gehirn, aus dem Teil meiner selbst, den ich damals als meine Seele ansah, kamen nicht an der gewünschten Stelle an. Übertragung gescheitert.

»Schau«, sagte ich zu meiner Mutter, »siehst du das?«

Als der Arzt eintraf – denn er kam zu uns, machte einen seltenen und eiligen Hausbesuch –, hatte ein unkontrollierbares Zittern meine Beine befallen, meinen Hals, den Kopf, die Arme.

Was ich bis heute mit stechender Klarheit im Gedächtnis habe, das ist, wie ich bei seiner Ankunft die Treppe hinunterzitiert wurde. Ich musste bei jeder Stufe neu ansetzen. Der Arzt, ein Mann, der mich von klein auf kannte, stand da und beobachtete mich, aufmerksam, reglos, Arzttasche in der Hand, meine Mutter neben ihm. Beide sprachen sie nicht, während ich auf sie zukam, mit meinen einknickenden Beinen, meinem nach dem Geländer rudernden Arm. Ihre Gesichter schwammen durch mein Sichtfeld, vermengt mit den orangefarbenen und braunen Wirbeln des Dielenteppichs, dem Licht, das durch das Milchglas der Haustür fiel, dem graubeigen Regenmantel des Arztes, dem dünnen Goldkettchen der Taschenuhr vorn an seiner Weste.

Ich hatte die letzte Stufe noch nicht erreicht, da wandte er sich an meine Mutter und sagte: »Sie muss ins Krankenhaus.«

Wenig später lag ich auf der Untersuchungsliege eines Facharzts für Pädiatrie. Er forderte mich auf, mit aller Kraft seinen Zeigefinger zu drücken, dem Lichtpfad einer kleinen Taschenlampe zu folgen, den Daumen an die Nase zu bringen, die linke Hand an die rechte Schulter. Er tippte auf meine Füße und fragte: »Rechts oder links?« Er lächelte ermutigend, obwohl nichts klappte, und befahl meinen Eltern dann, mit mir in die neurologische Abteilung des National Hospital in Cardiff zu fahren.

Wusste ich um den Ernst meiner Lage, als ich, in eine Häkeldecke gewickelt, auf der Rückbank des Wagens saß, unterwegs zu dem großen Krankenhaus, während vor den Autofenstern die Stadt vorbeizog? Jetzt, wo ich selbst Kinder habe, sehe ich die Szene aus einer anderen Perspektive. Ich spüre die Panik – schmecke sie förmlich –, die meine Eltern auf dieser Fahrt empfunden haben müssen, und erst recht, als sie mich durch die Automatiktür hineintrugen, als sie im Sprechzimmer des Neurologen warteten, als sie zusehen mussten, wie ich aufgenommen und weggerollt wurde.

Ich habe keine Erinnerung daran, wie meine Eltern sich verhielten, ob sie sich ihre Gefühle anmerken ließen. Ich war eingekapselt in eine Glocke aus Schmerz, aus Fieber. Ich sehe nur das Zimmer des Neurologen vor mir, das viel größer war als das des netten Kinderarztes, sehe die in Körben aufgehäuften Spielsachen, einen lila Bademantel aus irgendeinem frappierend plüschigen Material, die kopfüber angebrachten silbernen Uhren an den Kitteln der Schwestern, die Handbewegung, mit der sie mir in die Armbeuge klopften, um die Venen stärker vortreten zu lassen. Und das Pieken beim Blutabnehmen spüre ich, gefolgt von dem saugenden Ziehen und dann dem bestürzenden Rot im Innern der Spritze. Begriff ich, wie es um mich stand, als Verwandte von fern anreisten, um neben meinem Bett zu stehen und auf mich herabzuschauen? Oder als zwei Ärzte aus der Great Ormond Street in London zugezogen wurden und mich untersuchten? Oder bei der Rückenmarkspunktion, bei der ich auf die Seite gedreht und niedergehalten wurde, während man mir eine Flüssigkeit aus dem Lendenwirbel holte und ich mich so heftig wehrte, dass die Papierlaken um mich aufstanden wie Wellenkämme? Oder während der Phase, als ich zu gar keiner Bewegung mehr fähig war, nicht einmal einem Handzeichen, um anzuzeigen, dass ich Durst hatte, dass mein Kopf wehtat, dass ich aufs Klo musste?

Von unserem Haus waren es zwanzig Meilen bis zum Krankenhaus, und meine Eltern hatten noch zwei Kinder, die wie sonst auch bekocht und versorgt und zur Schule gebracht und wieder abgeholt werden mussten; die Ferien waren zu Ende, und mein Vater musste arbeiten gehen. Einer von ihnen kam jeden Tag, um bei mir zu sitzen, aber zwischendurch musste ich mich ans Alleinsein gewöhnen. Wobei es eine seltsame, beunruhigende Art des Alleinseins war, denn eine Schwester war rund um die Uhr an mein Bett abkommandiert, für all die Zeiten, in denen meine Eltern nicht da sein konnten. Sie fummelte an Monitoren und Thermometern herum und schoss hin und wieder aus ihrem Stuhl hoch, um mir den Puls zu fühlen. Andere kranke Kinder, das wusste ich, lagen auf der Station am Ende des Flurs. Dieser Raum hier, mit der Aussicht auf einen Parkplatz, auf den die Spätsommersonne schien, und der mit Disneyfiguren beklebten Glaswand zum Gang hin, war ein Kapitel für sich.

Als Kind sagt dir niemand, dass du stirbst. Du musst schon selbst dahinterkommen.

Mögliche Hinweise: Deine Mutter weint, tut aber so, als wäre nichts. Deine Geschwister kommen dich nicht besuchen. Ärzte betrachten dich mit einer Mischung aus Konzentration, Feierlichkeit und einer gewissen Faszination. Krankenschwestern weichen deinem Blick aus. Verwandte reisen von weit weg an. Ebenfalls zuverlässige Anzeichen sind Isolierstationen, invasive Eingriffe und Trupps von Medizinstudenten.

Nicht zu vergessen: übertriebene Geschenke.

Der Teil des Gehirns, der die Motorik steuert, das Kleinhirn oder Cerebellum, liegt in der hinteren Schädelgrube unter den beiden Großhirnhemisphären.

Es leitet zwar selbst keine Bewegungen ein, ist aber verantwortlich für deren Koordination und Feinabstimmung, indem es Signale des Rückenmarks und anderer Hirnteile empfängt und weitergibt. Es spielt außerdem eine Rolle bei kognitiven Funktionen wie etwa Sprache und Aufmerksamkeit sowie bei der Regulierung von Reaktionen wie Angst oder Lust.

Vom Aufbau her unterscheidet es sich vom Rest des Gehirns: Seine Innenseite ist von feinen, parallel laufenden Furchen durchzogen, deren Beschaffenheit an die Barten des Blauwals erinnert. Die Kleinhirnrinde ist eine durchgehende, in enge Akkordeonfalten gelegte Gewebeschicht. Tief in diese Falten sind in regelmäßiger Anordnung unzählige Neuronen eingebettet, die dem Kleinhirn seine erstaunliche Fähigkeit zur Signalverarbeitung geben.

Unser Gehirn ist ein gewaltiges Geflecht untereinander verbundener Zellen, die, wenn sie kommunizieren, aufblinken wie Lichterketten. Was uns im Kern, in unserem tiefsten Wesenskern, ausmacht, ist nichts als die Weiterleitung von Informationen.

Das menschliche Hirn besitzt über hundert Milliarden Nervenzellen. Durch ein leistungsfähiges Mikroskop betrachtet, ähneln diese einem Baum, dessen Stamm (das Axon) sich in einzelne Ästchen verzweigt (die Dendriten). Der Stamm einer Nervenzelle ist in die Dendriten der Nachbarzelle eingepasst; die Lücke dazwischen bezeichnet man als Synapse. Über diese Lücken oder Synapsen hinweg funken die Nervenzellen einander mittels winziger elektrischer Ströme in rasender Schnelligkeit Botschaften zu. Alles, was wir tun oder sagen oder worauf wir reagieren, beruht darauf, dass Nervenzellen Elektrizität weiterleiten. Wenn die Kommunikation zwischen den Nervenzellen ausfällt, wenn keine elektrischen Ströme zwischen Axon und Dendrit hin- und hergehen, wenn die Synapsen – bedingt wodurch auch immer, Verletzung, Krankheit, Alter, einen Schlaganfall, ein Virus – nicht leiten, dann passiert im Körper nichts mehr. Er schaltet ab, kommt zum Stillstand wie ein Aufziehspielzeug, dessen Mechanismus ausgelaufen ist.

Eine Schädigung der Nervenzellen, Axone, Dendriten und Synapsen im Kleinhirn führt zu Störungen bei der Fein- und Grobmotorik, beim Erlernen von Bewegungsabläufen, bei Augenbewegungen, Gleichgewicht, Haltung, Sprache, Reflexen; sie beeinträchtigt die Fähigkeit, Entfernungen einzuschätzen und die eigenen physischen Grenzen zu erkennen. Zu den möglichen Langzeitfolgen zerebellarer Schädigungen zählen außerdem Übersensibilität, erhöhte Impulsivität, Reizbarkeit, grüblerisches oder obsessives Verhalten, deregulierte Reaktionen auf Furcht, sensorische Defizite oder Überschärfen, Enthemmung, Dysphorie (ein Zustand extremer Bedrücktheit oder Unzufriedenheit), Schlafstörungen, Migräne, räumlich-visuelle Dysgnosie, taktile Defensivität, Reizüberflutung und unlogisches Denken.

Das Wort »Cerebellum« ist die Verkleinerungsform von »cerebrum«, lateinisch für Gehirn.

Weil ich erst acht bin und die Ärzte nur selten das Wort an mich richten – außer um mich zu fragen: Spürst du dies? Funktioniert jenes? Kannst du dem Licht dieser Taschenlampe folgen? –, muss ich mir meine Lage auf andere Weise erschließen. Ich bekomme mit, dass sehr vieles draußen auf dem Gang besprochen wird, übers Telefon, hinter verschlossener Tür; Nachrichten werden mittels der gekritzelten Einträge auf dem Krankenblatt am Fußbrett meines Bettes weitergegeben. Ich lausche, beobachte. Mein Blick wandert von den Gesichtern meiner Eltern auf der einen Bettseite zu denen der Ärzte auf der anderen. Ich lerne, auf Nuancen zu achten, auf das Heben oder Senken von Augenbrauen, winzigste Veränderungen im Mienenspiel, ein Zusammenbeißen der Zähne, eine Faust, die sich ballt, das angestrengte, blässliche Lächeln meiner Eltern. Ich versuche die Pausen zwischen einzelnen Wörtern oder Fragen zu interpretieren, das Zögern der Ärzte, bevor sie antworten, die Art, wie alle zu mir heruntersehen, bevor sie zur Tür gehen und hinter der Glasscheibe weiterreden.

Ich entnehme den Gesprächen, dass mit mir etwas passieren soll, das CAT-Scan heißt. Der Klang wirkt tröstlich auf mich, er lässt mich an weiches Fell denken, Pfoten, Schnurrhaare, einen langen, gebogenen Schwanz. Von meinem Gehirn sollen, wenn ich es richtig verstehe, Bilder angefertigt werden, anhand derer die Ärzte sehen, wie sie mich wieder gesund machen können. Die Vorstellung von diesem CAT-Scan gefällt mir: die Bilder, irgendeine Mitwirkung von Katzenseite, das Wiedergesundmachen.

Als der Tag endlich da ist, geht es mit mir auf große Fahrt durchs Krankenhaus. Ich werde im Rollstuhl geschoben, von meiner Lieblingspflegerin mit den lockigen gelben Haaren, die mir immer von ihren Wellensittichen erzählt. Unser Weg führt Korridore entlang und durch Türen, mit Aufzügen aufwärts und abwärts, die Kinderstation bleibt weit hinter uns zurück. Wir sind jetzt im Haupttrakt des Krankenhauses, wo Erwachsene auf Stühlen warten, wo Automatiktüren auf- und wieder zugleiten und Schwälle von Außenluft hereinlassen, wo Leute mich anstarren und den Blick dann rasch abwenden. Ich habe mich schon lange nicht mehr im Spiegel gesehen, aber mich beschleicht im Dahinrollen der Verdacht, dass ich anders aussehen muss als früher.

Und nun werde ich vom Rollstuhl auf eine Liege gehoben, und alle verlassen den Raum – der Radiologe, die Pflegerin, die Stationshelfer. Alle.

Wohin geht ihr?, rufe ich noch, aber meine Worte gehen unter, denn die Liege bewegt sich. Und ich bewege mich mit ihr. Ein elektronisches Jaulen ertönt, und wir fahren in das dunkle Maul eines großen grauen Apparats.

Mein Kopf fährt hinein, meine Schultern, die Brust. Eine enge graue Röhre umschließt mich. Meine Hüften, die Beine. Ein Ungeheuer verschlingt mich, ich bin gefangen, ich stecke in seinem Schlund und komme nie wieder heraus.

Dann bricht ein Krach los, ein ohrenbetäubendes Maschinendröhnen. Ich liege im Auge dieses Sturms, eingesperrt in glänzend graues Plastik.

Ich schreie, was sonst? Wer würde nicht schreien? Aber meine Stimme verliert sich, übertönt vom Brummen des CAT-Scanners.

Ich erinnere mich noch genau an diesen Drang, mich zu wehren, zu kämpfen, um mich zu schlagen, mich aus diesem Tunnel und hinunter von dieser Liege zu strampeln und davonzurennen, aus dem Zimmer, den Korridor entlang, durch die Gleittür ins Freie. Aber es geht nicht. Ich kann mich nicht bewegen. Meine Gliedmaßen widersetzen sich meinem Gehirn, meinen Synapsen, meinen neuromuskulären Befehlen. Mein Hirn spricht nicht mit meinen Muskeln. Sie liegen über Kreuz miteinander. Sie ignorieren sich gegenseitig, stellen sich taub – sie tun so, als gäbe es den anderen nicht.

Ein Stückchen muss ich mich in meiner Panik dennoch

bewegt haben, denn all die Leute stürzen wieder herein. Sie ziehen mich heraus. Die Pflegerin hält meine Hand, während sie darüber beraten, was mit mir zu tun ist.

»Fixieren« lautet die Antwort. Mit meinen acht Jahren weiß ich nicht, was das heißt, aber Sekunden später werden Gurte über meinen Beinen festgezurrt, über meiner Taille, den Schultern, der Stirn.

Diesmal schreie ich schon, als mein Kopf sich der Röhre nähert.

Die Pflegerin mit den gelben Haaren kommt zu mir. Sie erklärt mir, dass ich stillhalten muss, sonst kann der Apparat keine Fotos von meinem Gehirn machen. Ich schniefe, klammere mich an ihre Hand. Ist gut, sage ich. Ja, ich versteh's.

Aber es hilft nichts. Sobald ich den Tunnel näher kommen fühle, ist es aus mit meiner Beherrschung. Die Vorstellung, in diesem engen, grauen, luftlosen Schlauch zu stecken, ist zu viel.

Wieder werde ich herausgezogen. Neuerliche Beratung. Der Radiologe schaut auf die Uhr. Meine Pflegerin wird losgeschickt, um Hilfe zu holen. Leute machen sich um mich zu schaffen, aber niemand lockert meine Gurte.

Bitte, schluchze ich, bitte macht sie weg. Der Druck der Riemen an meinem Kopf, meiner Brust ist unerträglich. Selbst jetzt, beim Schreiben, spüre ich ihn wieder. Ich gerate – in diesem unvertrauten Raum, umringt von lauter fremden Menschen – »außer mich«, wie meine Mutter es nennt. Ich heule mit einer heiseren, fremden Stimme, Angst peitscht mich wie die Wellen, die gegen die Hafenmauer donnern. Mein Herz rast, stolpert, rast weiter. Es fühlt sich an wie das Ende aller Dinge. Die Leute im Raum treten unbehaglich von einem Fuß auf den anderen, nesteln an Klemmbrettern herum, an Jalousien. Sie haben keine Erfahrung mit Kindern, schon gar nicht mit Kindern in Panik. Es sind Radiologen, sie müssen Maschinen bedienen, Diagramme erstellen, Testergebnisse analysieren. Sie sind hilflos in dieser Situation. Unauffällig rücken sie weg von mir, in die Zimmerecken, sodass um mich herum ein freier Raum entsteht. Die Tränen laufen mir über die Schläfen und sammeln sich in meinem Haar.

Die Pflegerin eilt herein. Sie hat eine Krankenschwester dabei. Sie stößt einen bestürzten Ruf aus, sie macht begütigende Geräusche, sie tätschelt mir die Schulter. Sie sieht mich nicht an, als sie sagt, dass jetzt alles gut wird, also glaube ich ihr auch nicht. Mit vollem Recht, wie sich zeigt.

Die ältere Krankenschwester hält eine Spritze hoch, füllt sie mit einer klaren Flüssigkeit. Woher weiß ich, dass ich sie fürchten muss?

»Nein!«, brülle ich, gepackt von einer neuen, namenlosen Angst. »Nein, nein, nein!«

Ich beteuere ihnen, dass ich von jetzt an brav bin. Dass ich stillhalten werde. Ich bekomme die Injektion trotzdem.

Sedierung, muss ich entdecken, ist etwas rein Oberflächliches. Sie überzieht dich mit einer heißen, erstickenden Schwere, als würdest du in eine dicke Decke gerollt. Sie macht dich unfähig zu sprechen, zu artikulieren, dich mitzuteilen. Deine Zunge hängt schlaff hinter deinen Zähnen, deine Augen blicken wie aus zwei tiefen Schächten. Das

Empfinden weicht aus deinen Gliedmaßen, aus den äußeren Schichten deines Körpers.

Aber tief drinnen? Dort rasen Furcht und Panik wie zuvor, nur auf viel engerem Raum.

Ich werde in die Röhre geschoben. Von Kopf bis Fuß umschließt mich der graue Sarg, seine Wölbung nur Zentimeter von meinem unbewegten Gesicht entfernt. Die Maschine stampft und kreist über mir. Ich werde nach vorn geruckt, nach hinten.

Als der Apparat mich freigibt, wartet meine Pflegerin auf mich. Sie hievt mich in meinen Rollstuhl; die Schwester muss ihr helfen, weil mein Körper jegliche Spannung verloren hat. Er sackt in sich zusammen wie ein Leichenkörper, schwerfällig, sperrig. Als sie mich im Stuhl zurechtbettet, eine Decke um mich feststeckt, sehe ich, dass sie weint, nasse Spuren kriechen ihr übers Gesicht.

Die Aufnahmen sind ohne Aussage. Der CAT-Scan wird die Woche darauf wiederholt. Diesmal ist meine Mutter bei mir. Sie bekommt einen riesigen, elefantenartigen Schutzanzug gegen die Strahlung und darf mit mir im Raum bleiben. Sie behält die Hand an meinem Fuß, während ich in der Maschine stecke. Wieder geben die Aufnahmen keinen Aufschluss.

Vor ein, zwei Jahren bekam ich von meiner Mutter, zusammen mit ein paar anderen Dingen, einen braunen Umschlag mit der Aufschrift »ZEUGNISSE VON M.«. Er war auf dem Speicher aufgetaucht, in einer Kiste mit allen möglichen Relikten, und ich machte mir nicht gleich die Mühe hineinzuschauen; seine abgestoßenen Kanten, der rissige Tesafilm vermittelten kein Gefühl von Dringlichkeit. Als ich ihn schließlich öffnete, fand ich mein Abiturzeugnis, Zertifikate über diverse Klavierprüfungen, ein Papier, das jedem Interessierten meine erfolgreiche Teilnahme an einem Zwei-Stufen-Kurs im Maschinenschreiben attestierte, eine Urkunde vom Literaturfest unserer Schule für den zweiten Preis in der Kategorie Lyrik. Inmitten dieser Bescheinigungen von Fertigkeiten oder zumindest von unzähligen Stunden des Klavierübens entdeckte ich einen Brief, den ich nie zuvor gesehen hatte. Er trug den drachenroten Briefkopf eines walisischen Krankenhauses, die Überschrift »Bestätigung« und war verfasst von dem Facharzt, der damals meine Einlieferung veranlasst und dann, Monate später, meine allmähliche, schleppende Genesung begleitet hatte.

Ich habe ihn als einen liebenswerten Mann mit drahtigem rötlichen Haar in Erinnerung, trockenen, behutsamen Händen, einer Phalanx von Stiften in der Brusttasche und einem Blick, dem nichts entging. Er sprach in ruhigem Ton mit meinen Eltern und mir. Ab und zu verfiel er ins Walisische und nannte mich *cariad*, »Liebes«. Ich war über Jahre jeden Monat bei ihm, bis ich mit dreizehn aus Wales wegzog. Ich saß auf der Kante seiner Couch, und wir redeten, und er klopfte mir mit seinem Hämmerchen aufs Knie, um zu sehen, ob meine Reflexe noch immer gehemmt waren, ob meine Knie nach wie vor seitlich pendelten statt vor und zurück – was verlässlich der Fall war und es heute noch ist. Er fragte, wie es mir in der Schule ging, und ich zuckte die Achseln, worauf er mich kurz ansah, ohne etwas zu sagen. Dann rief er eine Gruppe von Medizinstudenten herein, die sich in einer Reihe aufstellen mussten, führte ihnen meine besten Tricks vor (meinen seitlichen Kniesehnenreflex, den Finger, der die Nase verfehlte, die unentzifferbare Schrift, das mangelnde Gleichgewicht) und wollte von ihnen wissen, was mit mir passiert sei. Mir taten sie leid, diese nervösen jungen Leute, die verlegen von ihm zu mir schauten und an ihren blitzenden Stethoskopen herumfingerten; am liebsten hätte ich ihnen »Kleinhirnschädigung« oder »Ataxie« zugeflüstert, um ihnen aus der Patsche zu helfen.

Es ist sein Name, der unter dem vergilbten Brief steht, einem maschinengeschriebenen Brief, der grob umreißt, was mir widerfahren ist. Für wen war er gedacht?, frage ich mich beim Lesen. Wen genau sollen solche Details interessieren, die Daten und Stadien meiner Krankheit? Wer waren die Adressaten? War ich es, als Erwachsene, damit ich nachlesen konnte, was mit mir passiert war, ungeschminkt und unausgeschmückt, ein Zeitdokument? Waren es andere Ärzte, Spezialisten, denen ich später im Leben begegnen sollte und denen meine Unfähigkeit, gerade zu gehen oder auf einem Bein zu stehen oder mich räumlich zu orientieren, Rätsel aufgeben würde?

Denn ganz gleich, mit welcher Fachrichtung ich es zu tun habe, ob es ein Physiotherapeut ist, eine Hebamme, ein Kinderwunschspezialist, eine Arzthelferin, eine Osteopathin, ein Augenarzt, ein Anästhesist – immer kommt bei der Untersuchung der Moment, in dem sie stutzen. Sie heben eins meiner Beine hoch und biegen es verwirrt hin und her; sie verstehen nicht, warum ich mit der Lesebrille, die sie mir verschrieben haben, durch die Gegend taumle; sie glauben mir nicht, wenn ich sage, dass ich null Alkoholeinheiten wöchentlich konsumiere. Etwas an mir erscheint ihnen unstimmig, irritierend, unerklärlich, und sie werfen einen Blick in meine Akte, dann wieder auf mich.

Ich muss mich räuspern und tief Atem holen.

»Die Sache bei mir ist …«, beginne ich, und dann referiere ich ihnen in aller Knappheit den Inhalt dieses Briefs.

Über diese Dinge zu schreiben fällt mir schwer, allerdings nicht, weil es mich generell Überwindung kosten würde, mich daran zu erinnern. Es ist nicht so, dass der Stoff zu sperrig oder schmerzhaft wäre, sich schwer in Sätze und Absätze fassen ließe. Die Schwierigkeit rührt eher daher, dass meine Zeit im Krankenhaus den Punkt darstellt, an dem meine Kindheit kippte. Bis zu dem Morgen, als ich mit Kopfweh aufwachte, war ich *eine* Person und ab da eine völlig andere. Keine Sprints mehr auf dem Gehsteig, kein Wegrennen von zu Hause mehr, ich konnte überhaupt nicht mehr rennen. Für mich führte kein Weg zurück zu dem Ich, das ich vorher gewesen war, und ich habe keinerlei Vorstellung davon, was für ein Mensch wohl aus mir geworden wäre, wenn ich als Kind nicht Enzephalitis gehabt hätte.

Die Zustände, die man bei einer schweren Krankheit durchlebt, nehmen eine nahezu mystische Qualität an. Fieber, Schmerzen, Medikamente, Unbeweglichkeit, das alles sorgt für ein Gefühl der Klarheit und auch der Distanz, je nachdem, welcher Einfluss gerade der vorherrschende ist.

In ihrer ganz akuten Phase ist mir meine Enzephalitis nur schubweise im Gedächtnis, als ein Stakkato blitzartiger Eindrücke, isolierter Szenen – manche davon so direkt und ungefiltert wie im Moment ihres Geschehens; in sie kann ich mich zurückdenken und bin dabei ich selbst, *ich* in der ersten Person sozusagen, im Präsens. An anderes wiederum erinnere ich mich mit einem gewissen Widerstreben, ich sehe es mir an, als würde ich einen Film sehen, über ein Kind in einem Krankenhausbett, in einem Rollstuhl, auf einem OP-Tisch; einen Film über ein Kind, das sich nicht rühren kann. Wie soll dieses Kind je ich gewesen sein?

Zu der Phase darauf, der Zeit der Genesung, habe ich einen unmittelbareren Bezug – all die Wochen und Monate, die ich nach der Heimkehr aus der Klinik zu Hause im Bett lag, auf der Strömung des Schlafs dahintreibend, mit halbem Ohr dem Familienleben lauschend, das unten seinen Lauf nahm mit seinen Unterhaltungen und Mahlzeiten, seinen Emotionen, seinen Ankünften und Aufbrüchen. Die Besucher, die kamen und Bücher mitbrachten, Stofftiere und einmal – ein Mann aus dem Haus gegenüber war das – einen Korb voller Meerschweinchenjungen, die er mir ins Bett setzte und die mit ihren winzigen rosa Krallenfüßchen panisch auf meinen ausgezehrten Beinen hin und her rasten.

Die Rekonvaleszenz ist ein seltsamer, entrückter Zustand. Stunden, Tage, ganze Wochen können vorübergleiten, ohne dass man etwas dazu beiträgt. Als Rekonvaleszentin ist man eingebettet in Schweigen und Reglosigkeit. Man ist der Ruhepol im Haus, in Stille gefangen wie eine Fliege im Bernstein. Man liegt auf seinem Bett wie ein steinernes Abbild auf einem Sarkophag. Weil das Einzige, was man hört, der eigene Körper ist, nimmt jedes seiner Geräusche ungeheure Bedeutung an, intensiviert sich: das Schlagen des Pulses, die Haare, die über das Baumwollgewebe des Kissens reiben, der Arm, der sich unter der Decke bewegt, das winzige Schmatzen, wenn sich ein feuchtes Lid vom anderen abhebt, das Waldessäuseln, mit dem die Luft durch die Öffnung der Lippen streicht. An die Rundung des Wasserglases neben dem Bett drücken klitzekleine Silberbläschen ihre Gesichter. Entfernungen, die nie der Rede wert schienen – vom Bett zur Tür, das Stück Flur bis zum Klo, von der Kommode zum Fenster –, dehnen sich zu unendlicher Länge. Jenseits der Mauern rückt der Tag vom Morgen zum Mittag vor, zum Nachmittag, Abend und immer so fort.

Später konnte ich dann nach unten getragen werden, wo ich in eine Decke gewickelt auf dem Sofa lag und den Vögeln zusah, wie sie von den blattlosen Ästen auf das Vogelhäuschen herabstießen. Es war schwer, warm zu bleiben in jenem Winter; Körperwärme geht Hand in Hand mit Bewegung, und ich brachte eins so wenig zuwege wie das andere, meine Finger leicht in sich gekrümmt, blau und leblos.

Es mussten Übungen mit mir gemacht werden, um meine Muskeln und Sehnen zu trainieren. Mein Vater schlug eine Glasflasche in eine Decke ein und schob sie mir unter die Beine. Dann musste ich versuchen, die Knöchel zu heben, und er vollführte einen Trommelwirbel auf dem Boden, wenn mir auch nur die kleinste Bewegung gelang. Als ein Freund von Statistiken und wissenschaftlichem Arbeiten fertigte er Diagramme über meine Fortschritte an. Er hat sie bis heute, Resultate und Rekorde in verblassender grüner Tinte, Millimeterzahlen, Gewicht in Gramm: Knöchel, Knie, Arm und Oberschenkel. Ganze Stöße von Blättern dokumentieren meine Anstrengungen, das Schreiben neu zu lernen, vom unleserlichen Krickelkrakel zu den ersten verzitterten Buchstaben.

Aber die meiste Zeit waren meine Schwestern in der Schule und mein Vater bei der Arbeit, sodass in all diesen leeren Zimmern niemand war als meine Mutter und ich. Ich bekam Hydrotherapiestunden in einem Schwimmbad, wo man mich wieder und wieder ermunterte, den Fuß auf eine versenkte Stufe zu stellen, damit das Wasser meinen entkräfteten Beinen den nötigen Auftrieb geben würde. Und ich hatte zahllose Krankengymnastikstunden im örtlichen Krankenhaus. Ich war das einzige Kind unter den ambulanten Patienten des Jahres 1981, und ich fand es herrlich: Das Personal schien jedes Mal genauso beglückt über meinen Anblick wie die alten Damen, die ihre arthritischen Finger mit weißem Wachs überzogen bekamen, und die alten Herren, die mit Gummibällen in den kraftlosen Händen und Kilogewichten an den Knöcheln gegen die Folgen ihrer Schlaganfälle anturnten. Da kommt sie ja!, riefen sie, wenn meine Mutter mich über das Linoleum schob, als wäre meine Ankunft die Erfüllung all ihrer Wünsche.

Eines Tages rollte sich, als meine Physiotherapeutin einen Anruf entgegennehmen musste, ein junger Mann mit kurzem dunklen Bart und einem Reißverschlussoberteil zu mir herüber.

»Magst du?«, fragte er und hielt mir ein in Goldpapier verpacktes Toffee vor die Nase. Er sprach in dem sanften Singsang der Südwaliser.

Ich bejahte. Er wickelte das Bonbon für mich aus, völlig unbekümmert, und schien gar nicht zu sehen, wie unkontrolliert meine Hände zitterten, als ich danach zu greifen versuchte.

Er wickelte sich auch eins aus. Eine Weile lutschten und kauten wir einträchtig, ich auf dem Boden, er in seinem Rollstuhl.

»Ist das bei dir angeboren?«, fragte er dann unvermittelt und nickte zu mir herunter.

»Nein«, sagte ich und schob das Bonbon aus einer Backentasche in die andere. »Ich hatte einen Virus.«

Ich schaute auf seine abgezehrten, verbogenen Beine, die auf die Fußstützen des Rollstuhls geschnallt waren. Sie sahen wie meine aus, Glieder ohne Muskeln, ohne Kontur, auf Haut und Knochen reduziert. Sein Oberkörper dagegen, Brust wie Schultern, war unverhältnismäßig kräftig. Er hatte, so fand ich, die Figur eines Meermanns: oben der Menschentorso, darunter der dünn auslaufende Fischschwanz.

»Was ist dir passiert?«, fragte ich.

»Motorradunfall«, sagte er und zerknüllte sein Toffeepapier. »Rücken gebrochen. Die Wirbelsäule. Dass du dich«, er drohte mir mit dem Finger, »ja nie auf ein Motorrad setzt. Wenn du je in Versuchung kommst, denk an mich.«

Wir sahen uns an, und mir schien, dass jeder im anderen den Menschen von früher zu sehen versuchte, dieses Geister-Ich, das es nicht mehr gab, den kerngesunden Zweibeiner, der nie einen Gedanken an das Wunder der selbstständigen Fortbewegung verschwendet hatte und nun aufgeschluckt im Innern des verkümmerten Krüppels saß, zu dem er und ich geworden waren. Ich betrachtete ihn und sah einen Biker in Lederkluft durch ein südwalisisches Dorf brausen, den Bart und das schwarze Haar vom Helm verborgen – sah ihn sich in die Kurve legen, die Luft zerschneiden wie ein Geschoss. Und er? Sah er ein Mädchen an sich vorbeiflitzen, ihr Umriss verwischt, so schnell war sie? Sah er sie lange Sätze machen, sich in die Äste eines Baums schwingen, ins Meer springen?

Seinen Rat in puncto Motorräder habe ich beherzigt. Ich bin nie mit einem mitgefahren, sosehr mich ein rennbegeisterter Freund von mir auch dazu drängte.

Der Name des bärtigen Manns aus Südwales fällt mir nicht mehr ein. Damals wusste ich ihn; er und ich sahen einander fast jede Woche. Das gibt's doch nicht, dass du immer noch am Boden herumkrebst, sagte er. Komm endlich in die Gänge, Faulpelz. Er flirtete mit den Physiotherapeutinnen und redete die alten Damen mit »junge Frau« an, woraufhin sie rot wurden und kicherten. Er schloss Wetten mit mir ab, wer von uns eher imstande sein würde, den ersten Schritt zu machen. Heute ist mir natürlich klar, dass das ein Trick war, dass er wusste, er würde nie wieder laufen können, dass er nur mir auf die Beine helfen wollte, obwohl oder gerade weil es für ihn keine Hoffnung gab.

In irgendeinem Krankenhausarchiv muss noch ein Schwarz-Weiß-Film von mir existieren, in dem ich als Neun- oder Zehnjährige in einem Veloursoverall, wie ihn sonst nur die Rentner in Florida tragen, mit wechselndem Erfolg versuche, den Stationsflur entlangzugehen, Stufen hinaufzusteigen, einen Stift zu führen. Ich drehe mich der Kamera zu und lächle, als wäre es ein Urlaubsvideo, das hier gedreht wird, nicht ein medizinischer Lehrfilm. In einem anderen Film, einige Jahre später, bin ich schlaksiger, störrischer, gehemmter, in Röhrenjeans und einem unförmigen Wollpullover, dessen Ärmel mir bis über die Hände reichen. Und irgendwo sind heute bestimmt Ärzte tätig, Kinderärzte, Neurologen, Physiotherapeuten, die diese Filme während ihrer Ausbildung gezeigt bekommen haben, als Anschauungsmaterial für zerebellare Störungen.

Die ambulante Physiotherapie, die Belegschaft und die Patienten, die ich dort kennengelernt habe, sind der Grund, warum ich heute gehen kann. Ihre Weigerung, mich aufzugeben, ihr unbeirrter Glaube an das, was kein Arzt mehr für denkbar hielt – dass ich aufstehen, gehen, gesund werden würde –, dieser Glauben bewirkte, dass ich die Kraft tatsächlich auch hatte. Sie trauten es mir zu und rückten es damit für mich in den Bereich des Möglichen. »Keine Müdigkeit vorschützen!«, rief mir der bärtige Mann zu, wenn ich mich abmühte, die Knie von der Matte zu heben.

»Du schaffst das«, nickten die alten Damen von ihrem Platz am Paraffinbad.

»Gib mir die Hand«, sagte die Physiotherapeutin. »Ich lass dich nicht fallen.«

Ihr Ansporn wiegte mich freilich auch in der falschen Gewissheit, dass ich in der Welt willkommen sein würde, ich, ein Kind, das kaum gehen und kaum einen Stift halten konnte, das außerstande war zu rennen, Fahrrad zu fahren, einen Ball zu fangen, selbstständig zu essen, zu schwimmen, Treppen zu steigen, zu hüpfen, seilzuspringen, ein Kind, das überallhin in einem demütigenden übergroßen Kinderwagen gefahren werden musste. In der Physiotherapie war ich etwas Besonderes, wurde geliebt, akzeptiert, angefeuert; jeder dort wollte mein Bestes. Diese Fürsorge bereitete mich in keiner Weise auf das vor, was mich erwartete, als ich endlich in die Schule zurückkehren konnte, wo die Kinder mir *Spasti* nachriefen, *Mongo*, *Missgeburt*, und von mir wissen wollten, woher ich meinen Hau hatte oder womit sie sich bei mir anstecken würden. Wo sie mir aus Jux ein Bein stellten, mich anspuckten, an den Haaren zogen, mich *zurückgeblieben* und *debil* nannten. Wo die Schulbehörde einwilligte, mein Klassenzimmer ins Erdgeschoss zu verlegen, aber nicht den Mittagsraum, sodass ich das Mittagessen entweder ausfallen lassen oder die Treppe auf die einzige Art bewältigen musste, zu der ich fähig war: auf allen vieren wie ein Bär, wie ein Kleinkind, während die ganze Schule zuschaute.

Wir tun das, was das Überleben von uns erfordert; Not hat die Spezies Mensch schon immer erfinderisch gemacht. »Der beste Weg hinaus führt mittendurch«, schreibt der Dichter Robert Frost, und daran ist viel Wahres, aber wenn der Weg mittendurch verbaut ist, kann man immer noch außenherum gehen.

Es lief auf viele Pausenbrote hinaus, die ich auf dem Klo im Erdgeschoss aß, in der verriegelten Kabine, die Füße hochgezogen, damit niemand mich entdeckte. Ich brauche nur Chlorbleiche oder eine bestimmte Sorte von Papierhandtüchern zu riechen, und schon sehe ich mich wieder auf dem Spülkasten hocken und einsam mein plattgedrücktes Erdnussbuttersandwich kauen.

Seit ich erwachsen bin, beschäftigt mich die Krankheit einmal mehr, einmal weniger. Tage am Stück streife ich sie mit keinem Gedanken, dann wieder kommt sie mir wie das definierende Ereignis vor. Sie bedeutet nichts; sie bedeutet alles.

Sie bedeutet, dass ich auf Anmeldebögen präzise, aber viel zu lange Sätze in die kleinen Kästchen kritzeln muss, in denen nach »sonstigen Vorerkrankungen« gefragt wird. Sie bedeutet, dass ich den Menschen in meiner näheren Umgebung gewisse Dinge erklären muss: warum ich plötzlich stolpern könnte, warum ich so oft das Besteck fallen lasse oder eine Tasse umwerfe, warum ich keine langen Strecken zu Fuß oder mit dem Fahrrad zurücklegen kann, warum ich mehrmals am Tag eine feste Folge von Turn- und Dehnübungen absolvieren muss.

Sie bedeutet, dass meine Wahrnehmung der Welt speziell ist, instabil. Ich sehe Dinge, die nicht da sind, Lichter, Blitze, Flecken oder Risse in meinem visuellen Gefüge. An manchen Tagen blubbern und schwelen Löcher in allem, was ich anschaue; Geschriebenes verschwindet in dem Moment, in dem ich den Blick darauf richte. Der Boden schwankt unversehens wie ein Schiffsdeck. Ich wende mich nach einem Geräusch um, und mein Hirn gibt mir plötzlich mit größter Bestimmtheit zu verstehen, dass ich nicht aufrecht stehe, sondern liege, dass das Zimmer sich umstülpt, dass nichts ist, wie es scheint. Ich kann mich im Bett umdrehen, aber mein Kleinhirn macht die Drehung nicht mit und schaut weiter nach der anderen Seite; dann muss ich die Augen schließen, mir die Fäuste ans Gesicht drücken und gleichmäßig atmen, bis mein Gehirn freundlicherweise nachkommt. Mein zweijähriges Kind kann mich ohne großen Kraftaufwand umschubsen.

»Bin das nur ich«, frage ich meinen Mann, »oder hat das Sofa Schlagseite?«

»Das bist nur du«, antwortet er dann geduldig.

»Und die Decke wellt sich auch nicht?«

»Nein«, sagt er und blättert sein Buch um, »da wellt sich nichts.«

Die Krankheit bedeutet, dass für mein Leben, beinahe seit ich denken kann, alle möglichen Ausweichstrategien, Tarnmanöver und Tricks nötig sind. Ich lasse beim Schlafen ein Licht brennen, damit ich nachts aufstehen kann, ohne zu stürzen. Ich vermeide, konsequent und schon immer, jede Art von Alkohol oder Drogen, weil ich nichts zu mir nehmen darf, das meine ohnehin wackelige Motorik zusätzlich beeinträchtigt. Ich habe über weite Teile meiner Kindheit und Jugend erbärmlich gestottert, und auch heute noch können eine schroffe Stimme, ein skeptischer Blick oder der Eierkopf eines Mikrofons ausreichen, um mich ins Stammeln zu bringen.

Ich falle hin oder stolpere, wenn ich unkonzentriert bin. Wenn ich Stufen zu bewältigen habe, muss ich auf meine Füße schauen und jeden Schritt ganz bewusst setzen. Niemand darf mich ansprechen, wenn ich Treppen steige oder durch eine Tür gehe; diese Vorgänge beanspruchen meine volle Aufmerksamkeit.

Festlich gedeckte Tafeln mit mengenweise Besteck, Wassergläsern, Karaffen, Vasen und Servietten stellen mich vor Probleme. Wenn ich an ihnen Platz nehmen soll, starre ich sie an wie das Aufgabenblatt bei einem besonders kniffeligen Test, mit einer Mischung aus Furcht, Nervosität und dem Gefühl einer nicht abwendbaren Demütigung. Ein derartiger Überfluss auf dem Tisch resultiert fast zwangsläufig in verschüttetem Wasser, zu Boden klirrenden Gabeln, Scherben und ganz eigenartigen, desorientierenden Angriffen auf meinen Gleichgewichtssinn: zu viele Gegenstände, zu viele Anforderungen an meine defizitären Sinne, zu vieles, das zugleich verarbeitet sein will.

Meine Beine und die Seiten sind mit Prellungen übersät, mit lila-schwarzen Leopardenflecken von all den Zusammenstößen mit Bücherregalen, Türrahmen, Tischecken, Stuhlbeinen. Lesebühnen mit Stufen flößen mir Grauen ein – hinzufallen, vor Publikum! –, aber ich verweigere, halsstarrig, jede Hilfe.

Mein linker Arm ist mehr oder weniger unbrauchbar; er kann gerade eine Einkaufstüte oder eine Kinderhand halten, einen Fahrradlenker, den Griff eines Buggys, aber alles darüber hinaus ist zu viel. Als ich neulich mit einer Freundin in einem chinesischen Restaurant saß, wollte ich ihr mit der linken Hand Tee einschenken und verfehlte ihre Tasse um gut zehn Zentimeter. Kochend heiße schwarze Flüssigkeit ergoss sich über den Tisch, über unser Essen, die Stäbchen, unsere Servietten, worauf wir beide in haltloses Gekicher ausbrachen.

»Entschuldige«, brachte ich hervor. »Mit der Linken bin ich nicht so gut.«

»Sieht ganz so aus«, sagte sie, während sie an sich herumtupfte. »Verkauf sie doch einfach.«

»Gute Idee«, sagte ich. »Schnäppchenjäger aufgepasst: nutzlose Hand zum Sonderpreis.«

Eine weitere Folge der Krankheit ist eine ausgeprägte Aversion gegen enge geschlossene Räume.

Als mein Ältester das Laufen lernte, ging ich mit ihm in ein Soft-Play-Center in der Nähe unserer Wohnung in London. Ich hatte so etwas noch nie gesehen: ein Riesenbau, mehrere Stockwerke hoch, der nur aus Schaumstoffebenen und -stufen bestand, spiralförmigen Rutschen, Kuhlen voll kunterbunter Softbälle. Begeistert wackelte mein Sohn mit seinem eiernden Kleinkindergang die Gänge entlang, krabbelte Treppen hoch, warf sich mit dem Gesicht voran in das Meer aus Bällen.

In der obersten Etage rannte er vor mir her über den neonleuchtenden Polsterboden und kroch in einen engen blauen Tunnel, verschwand in einem Höllentempo in dem glänzenden Plastikmaul. Ich kam eben noch zurecht, um seine strumpfsockigen Füße wegtauchen zu sehen.

Ich kauerte mich vor den Tunneleingang; ich rief seinen Namen. »Komm da raus«, sagte ich.

Ich bekam nur ein Lachen zur Antwort.

Ich richtete mich auf. Ich besah mir die Konstruktion. Konnte ich irgendwie zu ihm gelangen, ohne durch den Tunnel zu kriechen?

Nein.

Ich kauerte mich wieder hin. Der Tunnel hatte einen Durchmesser von etwa drei Handbreit – ich würde mit Mühe und Not hineinpassen, mich im Zweifel winden müssen wie eine Schlange. Und er war lang, länger als mein Körper. Ich würde mehrere Sekunden brauchen, um die andere Seite zu erreichen.

Da saß mein Sohn, im fernen Ausgang des Tunnels, als sähe ich ihn durch das falsche Ende eines Fernrohrs, und er winkte mir, komm, rief er, komm.

Ist es sehr peinlich zuzugeben, dass ich trotzdem noch zögerte? Ich wusste nichts, was mir in dem Moment mehr widerstrebt hätte, als mich durch diesen schmalen Plastikschlauch zu zwängen, mich dieser Beengtheit auszuliefern.

Ich überwand mich natürlich. Mutterliebe ist ein starker Antrieb, stärker vielleicht als jeder andere.

Als ich am hinteren Ende ankam, zitterten mir alle Glieder. Mein Sohn patschte mir auf die Wange und murmelte die Worte, mit denen sonst ich ihn beschwichtigte: »Sagut. Sagut.« Ist ja gut.

Als Kind dem Tod so nah gewesen zu sein und dann das Leben neu geschenkt zu bekommen hat mich viele Jahre lang verwegen gemacht, nonchalant gegenüber dem Risiko, geradezu tollkühn. Ebenso gut, das ist mir klar, hätte ich ins andere Extrem verfallen und ängstlich und übervorsichtig werden können, gelähmt durch Bedenken aller Art. Stattdessen sprang ich von Hafenmauern. Ich machte einsame Bergtouren. Ich nahm Nachtzüge quer durch Europa und kam um Mitternacht ohne Quartier in fremden Hauptstädten an. Ich radelte furchtlos über die »gefährlichste Straße Südamerikas«, eine schmale, erodierende Schotterpiste, die sich in schwindelnder Höhe einen steilen Gipfel entlangzackt und deren Ränder großzügig getupft sind mit Gedenktafeln für all jene, die hier in den Tod gestürzt sind. Ich lief quer über zugefrorene Seen. Ich schwamm in gefährlichen Wassern, im übertragenen wie im buchstäblichen Sinn.

Das lag nicht etwa daran, dass mein Leben für mich keinen Wert gehabt hätte, im Gegenteil, ich wollte um jeden Preis alles mitnehmen, was es zu bieten hatte. Mein Beinahesterben mit acht machte mich unbekümmert gegenüber dem Tod, vielleicht etwas zu unbekümmert. Ich wusste, irgendwann würde er mich ereilen, und die Vorstellung schreckte mich nicht; seine Nähe hatte fast etwas Vertrautes. Ich konnte von Glück sagen, überhaupt am Leben zu sein, es hätte nur allzu leicht anders kommen können, und dieses Wissen färbte mein Denken. Mein Weiterleben erschien mir als eine Zugabe, ein Sonderbonus; ich konnte darüber verfügen, wie mir beliebte. Und ich war ja nicht nur dem Tod von der Schippe gesprungen, ich war auch dem Schicksal der Schwerbehinderung entronnen. Was konnte ich Besseres tun mit meiner Unabhängigkeit, meiner Bewegungsfähigkeit, als sie bestmöglich auszukosten?

Einer unserer Lehrer nahm mit uns John Donnes Sonett Nr. 10 durch, und Donnes Darstellung des Todes als arroganter, eingebildeter, letztlich machtloser Despot brachte mich zum Schmunzeln – so hatte ich ihn auch erlebt:

> *Death, be not proud, though some have called thee*
> *Mighty and dreadful, for thou art not so;*
> *... nor yet canst thou kill me.*
> (Tu dich nicht groß, Tod, auch wenn manche dich
> Mächtig und schrecklich nennen, denn das bist du
> nicht;
> ... noch fällst du mich so bald.)

Mit dieser Kaltschnäuzigkeit war es vorbei, sobald meine Kinder kamen; da bekam ich plötzlich Angst, all die Male, die ich dem Tod ins Gesicht gelacht hatte, könnten auf mich zurückfallen. Wie, wenn der hochmütige, rachsüchtige Tyrann aus Donnes Gedicht beschloss, mich für meine Dreistigkeit zu bestrafen? Was, wenn er mich holte, wenn er mein Kind holte? Wer ein Leben hervorbringt, macht sich angreifbar. Mit dem Kind im Arm wurde mir klar, wie viel der Tod mir nehmen konnte, und zum ersten Mal fürchtete ich ihn. Ich hatte ja am eigenen Leib erfahren, welch dünne Membran uns vom Jenseits trennt und wie leicht sie durchbohrt werden kann.

Als ich vor Jahren dem Mann, mit dem ich damals zusammen war, einen Kurzabriss meiner Krankheit als Kind gab – mehr zur Erklärung als zu irgendeinem anderen Zweck –, war er erschüttert, wie die meisten Leute, und sagte: »Mein Gott, du warst ja echt gestraft!«

Ich weiß noch, wie sehr mich seine Reaktion wunderte, denn ich sehe es genau umgekehrt. Alle dachten, ich würde sterben; ich bin nicht gestorben. Sie dachten, ich würde nie wieder laufen oder schwimmen oder einen Stift halten können; ich kann all das. Sie dachten, ich würde den Rest meines Lebens im Rollstuhl sitzen; der Rollstuhl ging nach einem guten Jahr an den National Health Service zurück. Sie dachten, ich müsste eine Sonderschule besuchen; ich ging auf die normale Schule. Sie hatten für mich ein Leben der Einschränkungen vorausgesehen, der Spezialeinrichtungen, der Hilflosigkeit und Abhängigkeit.

Das Glück hat es gut mit mir gemeint, unendlich gut; ich durfte dem Schicksal entrinnen, das mir von den Ärzten zugedacht war. Aus meiner Sicht habe ich sämtliche vierblättrigen Kleeblätter dieser Welt eingesammelt, den goldenen Topf am Ende jeden Regenbogens gefunden. Ich hätte mir vom Leben nicht mehr wünschen können, als dem zu entgehen, was schon unausweichlich schien. Ich hätte sterben können in diesem Krankenhaus, aber ich lebe. Ich hätte zu lebenslanger Unbeweglichkeit verurteilt sein können, aber ich kann mich bewegen. Ich bin davongekommen – in mehr als nur einer Hinsicht.

Als ich im Krankenhaus einmal zu mir kam, beugte sich ein Mann über mein Bett. Er hatte weit auseinanderliegende, intensive Augen, eine schwere Goldkette um den Hals, nicht unähnlich der, die der Labrador unserer Nachbarn trug, und büschlig weißes Haar, das seitlich von seinem Kopf wegstand. Er kam mir vertraut, aber doch fremd vor, beides zugleich.

»Hallo, hallo«, sagte er, »wen haben wir denn da?«

Sobald er sprach, wurde mir klar, dass ich ihn aus dem Fernsehen kannte. Kinder schrieben ihm ihre kühnsten Wünsche – einmal ein Flugzeug fliegen, Elefantenpfleger im Zoo sein, als Stepptänzer auf der Bühne auftreten –, und er schwang den Zauberstab und ließ sie wahr werden.

Und nun stand er hier an meinem Bett. Er sah auf mich herab, mit einem Blick, der bohrend war, abschätzend, eine Spur hochmütig; ich schaute verwirrt und erstaunt zurück.

Jahre später werde ich an einer Ampel im Stau stehen, meine Kinder auf dem Rücksitz, und die Nachricht im Radio hören. Die Kurzmeldung lautet, dass die zahllosen Besuche dieses Mannes in Kinderkrankenhäusern nicht so altruistisch waren, wie sie schienen. Ich sitze da, Hände am Lenkrad, und starre auf die regengesprenkelte Windschutzscheibe. Ich bin schockiert und bin es doch nicht. Ich erinnere mich genau an den Moment, als er sich zu der Schwester umdrehte und sagte: »Sie können ruhig gehen. Ich kümmere mich schon um sie.« Die Schwester schüttelte den Kopf und blieb.

Ein paar Sekunden höre ich dem Nachrichtensprecher zu, dann drücke ich hart auf den Ausknopf, bringe ihn zum Schweigen. Ich will nicht, dass meine Kinder mithören, will nicht, dass sich der Klang der Worte in ihre arglosen

Ohren schleicht. Noch am selben Abend rufe ich meine Mutter an und erinnere sie daran, dass er auch bei mir war.

Sie zieht scharf den Atem ein und sagt rasch: »Wo war ich da?«

»Das weiß ich nicht«, sagte ich. »Du warst nicht dabei. Aber es ist nichts passiert. Er hat mich nicht angerührt.«

»Ganz sicher?«

»Ganz sicher. Die Schwester hat sich geweigert rauszugehen. Sie ist die ganze Zeit über bei mir geblieben.«

In ihrer weißen Uniform und dem weißen Häubchen blieb sie da, machte sich leise im Zimmer zu schaffen hinter dem Mann mit seinem Trainingsanzug und seinen Armbändern und seiner lauten Stimme und all den Fragen, die er mir stellte – wie es mir ging, wann ich wieder gesund und munter sein würde, ob das ich war auf dem Foto dort auf dem Nachttisch, die goldige Kleine im Ballettanzug?

Sie ließ mich keine Sekunde allein. Sie schüttelte den Kopf, als er noch einmal vorschlug, sie solle doch hinausgehen und sich eine Pause gönnen. Ich müsse rund um die Uhr überwacht werden, erklärte sie ihm. Nach meiner Erinnerung war sie jung, mit sanften Zügen und einem braunen Dutt, und las mir mit nie erlahmender Geduld Geschichten vor. Sie blieb da, hielt sich hinter ihm in Bereitschaft, nicht willens, ihren Platz zu räumen: noch eine Retterin, noch ein verkleideter Schutzengel.

Zum Abschied schenkte mir der Mann ein von ihm signiertes Buch. Er steckte es zwischen die Matratze und das metallene Bettgestänge. Es war ein Buch mit Anleitungen für selbstgemachte Halloweenkostüme. Meine Mutter las mir daraus vor, als sie mich am nächsten Tag besuchen kam. Wir studierten gemeinsam die Schaubilder und Illustrationen und überlegten, was wir alles basteln würden, wenn es mir besser ging. Ich behielt es viele Jahre; ich bastelte danach einen abgehackten Kopf aus Pappmaschee – aus einem Luftballon, den ich mit Zeitungsresten vollkleisterte und im Trockenschrank trocknen ließ.

Als ich unlängst in einer alten Bücherkiste nach etwas suchte, das ich meinen Kindern vorlesen konnte, fiel mir das Buch wieder in die Hände. Ich zog es heraus, schlug es auf, betrachtete seinen Namenszug. Dann ging ich hinüber zum Holzofen und pfefferte es hinein. Es brannte schnell, mit wildem Auflodern, und ließ einen Geisterumriss aus schwarzer flockiger Asche zurück.

Sich nicht rühren zu können ist ein zutiefst eigenartiges Gefühl. Kein schweres, wie man vielleicht denken könnte, sondern ein leichtes. Du bewohnst dich selbst, wie du ein Haus bewohnen würdest; dein Körper ist ein Käfig, in dem du leben musst, so gut es geht, also flatterst du von einer Wand zur anderen. Das Gerüst ist unbeweglich, aber du – dieser unsichtbare, innere Teil von dir – bist es nicht. Deine Haut registriert Hitze, Kälte, eine Falte im Laken, das Gewicht der Bettdecke, das Kratzen des Schildchens hinten im Nachthemd, nur hat all das nichts mit dir zu tun. Nicht mehr.

Was tun, wenn man ans Bett gefesselt ist, unfähig, sich zu bewegen? Wie sich beschäftigen, wie sich zerstreuen, sich ablenken? Ich bringe viel Zeit damit zu, die Zimmerdecke zu studieren, die Uhr an der Wand, die Gummidichtung um den Türrahmen. Ich präge mir jedes einzelne Detail des Raums ein, das Eierschalenweiß der Wände, das an der hinteren Wand eine Nuance blasser geraten ist als an den anderen drei, die Neonröhre, die an den Rändern gelb leuchtet und in der Mitte weiß, die Art, wie der Wasserhahn tropft, zweimal in rascher Folge und dann ewig lang nicht mehr. Ich starre aus dem Fenster, sehe zu, wie das von den Autoscheiben reflektierte Sonnenlicht über meine Zimmerdecke huscht. Ich lauere auf die losgelösten Gesprächsfetzen, die wie Seifenblasen zu mir hereingeschwebt kommen, wenn Leute vor der Glasscheibe vorbeigehen. Ich bestürme jeden in Reichweite, mir vorzulesen. Meine Mutter füllt Stunde um Stunde mit Grimms Märchen und einem Buch mit Bibelgeschichten; meinem Vater ist die Sammlung irischer Sagen näher. Ich liege da und höre von Moses in seinem Binsenkörbchen, das den Fluss hinabtreibt und sich im Schilf verfängt, von David, der sorgfältig die Steine für seine Schleuder auswählt, von Finn McCools kluger Frau Oonagh, die dem feindlichen Riesen die Zähne mit einem Eisenblech herausbricht, das sie in einen Laib Brot eingebacken hat.

Schließlich leiht uns eine Nachbarin eine Auswahl von Hörkassetten, etwas, was ich noch nie gesehen habe. Endlich eine Lösung. Ein Kassettenrekorder wird neben meinem Bett aufgestellt, und nun bekomme ich von Felicity Kendall *Meine Schwester, die Nervensäge* vorgelesen und von einer sonoren Männerstimme die Geschichten von Beatrix Potter.

Lattich hat eine einschläfernde Wirkung.
Ein Paar *glänzende Überschuhe*.
Emma Ententropf war sehr *einfältig*.
Aber keine von beiden sagte etwas.

Ich rolle diese Worte in meinem Kopf herum wie Murmeln, sage sie mir stets aufs Neue vor. Ich horte sie.

Ich höre die Kassetten wieder und immer wieder, oft nachts, wenn das Krankenhaus erfüllt ist von einer seltsam summenden Beinahestille, wenn die Schuhe der Schwestern auf dem Linoleum quietschen, wenn die Dunkelheit draußen ihre Finger durch die Ritzen der Jalousie streckt, wenn die Zeiger der Wanduhr gegenüber dem Bett einen Satz machen und stillstehen, einen Satz machen, stillstehen. Die schlimme Zeit kommt, wenn das Band am Ende angelangt ist und sich mit einem mechanischen Klacken abschaltet und ich warten muss, bis jemand es mir umdreht. Das grauenvolle Schweigen dann, sein quälendes Rauschen und Brausen.

Wieder eine dieser Nächte, wieder liege ich schlaflos. Die Schwester, die bei mir wacht, hat gesagt, nein, sie dreht mir die Kassette nicht noch einmal um; ich muss schlafen, sagt sie, ich brauche Ruhe.

Mein Kopfschmerz pocht und puckert, ein grelles, dämonisches Metronom. Ich sehe alles durch seine gleißend weiße Maske. Das Brummeln des Fernsehers im Stationszimmer ist verstummt, es muss schon sehr spät sein, tief in der Nacht. Ist es der Schlaf, dem ich entgegensinke, oder etwas anderes, als ich Geräusche auf dem Flur höre?

Schritte, die Piepsstimme eines Kindes, ein rhythmisches Schrappen, als würde ein Spielzeug über den Boden gezogen.

Das Kind sagt etwas in einem hohen, fragenden Tonfall, und eine Schwester befiehlt ihm, leise zu sein.

»Psst«, macht sie. »Da drin liegt ein kleines Mädchen, das stirbt.«

Ich habe die Szene in meinen dritten Roman eingebaut. Ich habe sie umgemodelt, umbesetzt. Es war das erste Mal – bis jetzt –, dass ich über etwas schrieb, das mit meiner Enzephalitis zu tun hatte. Ich machte aus dem Mädchen im Bett die Schwester der Hauptfigur; ich machte aus dem Kind auf dem Gang einen kleinen Jungen mit einer Holzeisenbahn. Ich ließ die Nachtschwester an meinem Bett aufspringen, verlegen, bestürzt, und die Tür schließen. Ich habe diese Szene bei jeder meiner Lesungen aus dem Roman gelesen, was mir heute merkwürdig vorkommt. Was hat mich dazu bewegt? Warum wollte ich unbedingt eine Szene vorlesen, die auf einer der schlimmsten Erfahrungen beruht, die ein Mensch nur machen kann – als Kind mitzuhören, dass man sterben muss?

Wie Nina in meinem Buch dachte ich kurz über das sterbende Mädchen nach – wie alt es wohl war, wie alt man sein musste, um zu sterben. Ich hatte Mitleid mit ihm, und ich warf einen Blick zu meiner Nachtschwester hinüber, um zu sehen, ob sie auch Mitleid hatte.

In Wirklichkeit bekam ich das Kind, das dort draußen seine Geräusche machte, nicht zu Gesicht, genauso wenig wie die Schwester, die es besser hätte wissen müssen, die erst noch lernen musste, ihre Stimme zu dämpfen. Ich konnte den Kopf nicht wenden.

In Wirklichkeit sprang die Schwester neben mir nicht auf, um die Tür zu schließen. Sie machte ein betretenes Gesicht und errötete dann, als hätte jemand sie bei einer Lüge ertappt; ein dunkles Rot schoss unter ihrem Kragen auf. Sie schaute verärgert, wie ein Mensch, der gerade Überstunden aufgebrummt bekommen hat. Sie schlurfte zur Tür und gab ihr einen achtlosen Stoß mit dem Absatz, sodass das Schloss fast einschnappte, aber nicht ganz.

Im Roman endet die Szene mit Ninas Erkenntnis, dass das Kind, über das sie reden, das Kind, das stirbt, sie ist, aber das echte Leben spielt natürlich anders. Im echten Leben geht es weiter. Niemand ruft: »Schnitt!« Niemand setzt einen Punkt und bringt das Kapitel zu einem bündigen Abschluss.

Und so schwang im echten Leben die Tür wieder auf, und ich konnte zuhören, wie das unsichtbare Kind und die Schwester über mein bevorstehendes Ableben sprachen. Wann würde es so weit sein? Bald – morgen, übermorgen, irgendwann diese Woche, erfuhr ich. Und warum? Weil ich sehr krank war. Warum konnten die Ärzte mich nicht gesund machen? Weil meine Krankheit zu schlimm war. Hieß das, ich durfte nie wieder heimgehen? Nein, ich würde nie mehr nach Hause kommen. Würde ich in den Himmel kommen? Ja, so die Antwort in belehrendem Tonfall, das würde ich, weil ich ein braves Mädchen gewesen war und immer alle meine Medikamente geschluckt hatte.

Tochter

Jetztzeit

Zu beiden Seiten üppiges Grün, die Straße schlägt Haken zwischen den Feldrainen. Wir fahren zu schnell, aber ich merke, der Zustand meiner Tochter wird kritisch.

Die Landschaft vor den Autofenstern gleicht der eines Renaissancegemäldes: wellige grüne Hügel, eine Kette hinter der anderen, die am Horizont in blauem Dunst zergehen. Es ist Palmsonntag. Heute Morgen sind wir an einer Kirche vorbeigefahren, und die Leute, die aus der Messe kamen, trugen Ölzweige in den Händen. Die Sonne steht so hoch, dass die Bäume und Scheunen am Straßenrand in ihren eigenen Schatten getaucht sind.

Vor ein paar Minuten habe ich mich mit den Notfallmedikamenten auf den Rücksitz gezwängt, und jetzt halte ich meine Tochter im Arm, während mein Mann aus dem Wagen herausholt, was nur geht.

Meine Tochter atmet flach, mühsam, durch aufgeschwollene Lippen, ihre Haut ist fleckig und bleich. Die zarten Gesichtszüge sind verzerrt, eingefallen und gedunsen zugleich. Ihre Hände umklammern meine, aber ihre Augen verdrehen sich schon. Ich berühre ihre Wange, ich sage ihren Namen. Ich sage, bleib wach, bleib bei uns.

In solchen Augenblicken verengt sich der Blick, schärft sich, spitzt sich zu. Vor dem Rest der Welt geht ein Vorhang nieder, alles Denken kristallisiert sich in diesem einen Zweck und Ziel: mein Kind am Leben zu halten, es einzuspinnen im Hier und Jetzt, es zu umschlingen und nicht loszulassen.

In meinem Kopf spulen sich die Anweisungen und Schritte des medizinischen Notfallplans ab, der in der Tür unseres Küchenschranks hängt. Was habe ich über diesem Plan gebrütet, gehadert, Tränen vergossen. Ich habe ihn laminieren lassen, damit ihm nichts zustoßen kann. Am oberen Rand klebt ein kleines Passbild meiner Tochter, auf dem sie jünger ist als heute und vertrauensvoll und leicht belustigt in die Kamera blickt.

Selbst im Alltag kommen mir immer wieder Begriffe, Instruktionen, Medikamentennamen aus diesem Plan in den Sinn. *Verengung der Atemwege*, murmelt mir mein Hirn zu, während ich meinem jüngsten Kind eine Geschichte vorlese. *Adrenalin-Autoinjektion*, höre ich, wenn ich an einem Schulmorgen den Porridge umrühre, oder: ... *muss ein Arzt zugezogen werden. Den Patienten nicht allein lassen*, sage ich mir vor, während ich an einer roten Ampel warte ... *kann eine lebensbedrohliche allergische Reaktion auftreten.*

Jetzt, auf der Rückbank des Autos, habe ich die Anweisungen zur Gänze im Kopf. Ich sehe sie vor mir, die kleinen grünen Kästchen mit ihren einfach gehaltenen Erklärungen, ihren Telefonnummern und Ablaufdiagrammen, den

Pfeilen, die souverän von einer Leidensstufe zur anderen, von einem Höllenkreis zum nächsten leiten. Ich habe sie alle verinnerlicht, abrufbar, parat. All die Male, die mir mein Gedächtnis Auszüge daraus zugewispert hat, waren Probedurchläufe. Eine notwendige Verankerung des Wissens für Momente wie diesen. Nun stehen mir die grünen Kästchen vor Augen, zeigen mir den Weg.

Anaphylaxie: Entdeckt wurde das Phänomen 1901 durch den französischen Arzt Charles Richet, der die Wirkung von Quallengift auf Hunde untersuchte. Anfänglich hatte er angenommen, eine kleine Dosis des Gifts würde die Tiere gegen weitere Gaben immunisieren, doch nach der zweiten Injektion entwickelten die Hunde Atemprobleme und verendeten elend. Daraufhin soll Richet ausgerufen haben: *»C'est un phénomène nouveau, il faut le baptiser!«*

Ein vollkommen neues Phänomen, fehlte nur noch der Name. Ursprünglich entschied er sich für das aus dem Griechischen abgeleitete »Aphylaxie«, zusammengesetzt aus »a«, ohne, und »phylaxis«, Schutz. Ohne Schutz. Später fügte er eine Zusatzsilbe ein, um das Wort besser sprechbar zu machen: Anaphylaxie. Die Entdeckung trug ihm einen Nobelpreis ein.

Der erste dokumentierte Fall ist der des ägyptischen Pharaos Menes, der 2641 v. Chr. an einem Hornissenstich starb. Ganz so neu war das Phänomen also doch nicht. Die Hieroglyphentafel samt todbringendem Insekt ist bis heute erhalten. Ich habe die Abbildung gesehen und kann nicht umhin, mir die Szene auszumalen: den Schmerz beim Einstich, die Rötung, die den Hals emporschießt, dann das Schwellen der Glieder, der Luftröhre, die Atemnot, den Kollaps. Wie lange mag es gedauert haben, bis Menes starb? War er schon einmal gestochen worden? Um seinetwillen hoffe ich, dass es sich nicht zu sehr hingezogen hat, dass der Tod schnell eintrat. Welch grausame Vorstellung, ersticken zu müssen, weil sich der eigene Körper, das eigene Lebensblut gegen einen kehrt.

Wie Menes, wie Richets Hunde, lebt auch meine Tochter ohne Schutz. Das erste Anzeichen eines anaphylaktischen Schocks ist oft ein Ausschlag, dicke rote Quaddeln um den Mund oder an den Gliedmaßen. An diesem Punkt lässt sich der Anfall – wenn man Glück hat, wenn die Sterne gerade günstig stehen – manchmal durch eine orale Antihistamingabe abwehren. Aber genauso gut können Lippen, Hände und Augen zu schwellen beginnen, gefolgt von der Zunge. Der Atem geht mühsam, keuchend. Und dann weiß man, dass Gefahr im Verzug ist, dass das Antihistaminikum nicht geholfen hat, es die Götter nicht gnädig stimmen konnte; der Organismus braucht einen Schub, er braucht Adrenalin, und er braucht es schnell. Das Opfer schreit oder stöhnt in diesem Stadium, greift sich an die Kehle, heiser vor Panik und Furcht. Als Nächstes kommen Blässe, ein Erschlaffen der Glieder, möglicherweise auch die Ohnmacht. Wenn keine Behandlung erfolgt, wie im Zweifelsfall bei Menes, ist es zum Herzstillstand nicht weit.

Im Schnitt kommt es bei meiner Tochter etwa zwölf- bis fünfzehnmal pro Jahr zu allergischen Reaktionen von unterschiedlicher Schwere; ich führe über jede einzelne akribisch Buch. Sie hat eine angeborene Immunstörung, was bedeutet, dass ihr Immunsystem auf manche Dinge unter- und auf manche überreagiert. Wo meine anderen Kinder einen Schnupfen bekommen, da landet sie im Krankenhaus, mit Beatmungsgerät und Tropf. Wenn sie mit irgendeiner der langen Liste von Substanzen in Berührung kommt, auf die sie allergisch ist, kann sie einen anaphylaktischen Schock erleiden. Dazu reicht aus, dass sie etwas isst, das Spuren von Nüssen enthält. Oder an einem Tisch sitzt, an dem jemand vorher Sesamkörner gegessen hat. Oder dass in der Nähe ein Ei aufgeschlagen wird. Oder dass eine Biene oder Wespe sie sticht. Oder dass sie die Hand eines Menschen streift, der Nüsse, Eier oder einen Salat mit Kürbiskernöl zu sich genommen hat. Oder dass sie in einen Umkleideraum kommt, wo in der Tasche einer der Jacken eine Erdnuss steckt. Oder dass ein Kind, das im selben Planschbecken wie sie planscht, mit einer mandelölhaltigen Sonnencreme eingerieben wurde. Oder dass man uns in einem Café versichert, der oder jener Keks sei sowohl ei- als auch nussfrei, und ihn dann mit einer Zange greift, mit der vorher ein Brownie angefasst wurde. Oder dass ein Mensch auf der anderen Seite eines Zugabteils oder Flugzeuggangs einen Kraftriegel mit Nüssen auswickelt. Oder dass ihre Banknachbarin in der Schule Müsli zum Frühstück gegessen hat.

Ich könnte die Liste fortsetzen.

Wir leben im Zustand höchster Alarmbereitschaft. Ich muss jederzeit wissen, wo meine Tochter ist und mit wem sie zusammen ist. Ich betrete einen Raum und suche ihn mit Argusaugen ab: Was hier drin könnte sie gefährden? Die Tischplatte, die Türknöpfe, die Sitzpolster, der verkrümelte Teller da? Ihre Lehrer und Mitschüler müssen sich mit Allergien, Medikamenten und Wiederbelebung auskennen. Ich lese jede Zutaten- und Allergenliste mindestens dreimal. Ich frage hundertmal nach, wenn wir irgendwo hingehen: Seid ihr sicher, könnt ihr mit Gewissheit sagen, schwört ihr bei eurem Leben, dass in dieser Suppe keinerlei Körner oder Samen sind? Und an dem Löffel, mit dem ihr sie umgerührt habt, waren auch keine? Und in eurer Trinkschokolade sind ganz bestimmt keine gemahlenen Haselnüsse? Dürfte ich bitte die Packung sehen?

Wir gehen nie ohne ihre Medikamente aus dem Haus, ohne ihre Notfallausrüstung. Wir wissen, wie wir sie spritzen müssen, wie man eine Herz-Lungen-Wiederbelebung durchführt, durch welche Anzeichen sich Blutdruckabfall, Atemnotsyndrom, Urtikaria und Herzversagen ankündigen.

Ich weiß, dass ich verständnisvoll nicken muss, wenn Leute mir sagen, dass sie bestens nachfühlen können, wie mir zumute ist, weil sie selbst eine Glutenunverträglichkeit haben und einen furchtbaren Blähbauch bekommen, wenn sie auch nur das kleinste Stückchen Brot essen. Ich bleibe geduldig und freundlich, wenn ich erklären muss: Nein, es ist nicht in Ordnung, diesen Hummus zu uns mitzubringen. Nein, es ist keine gute Idee, ihr ein bisschen davon zu geben, damit sie sich daran gewöhnt. Nein, bitte öffnen Sie das nicht in ihrer Nähe. Doch, Ihr Mittagessen könnte mein Kind umbringen.

Ihr Bruder musste schon im Alter von sechs lernen, die Notrufnummer zu wählen und in den Hörer zu sagen: »Es geht um einen anaphylaktischen Notfall.« *Anna-fühl-lack-tisch*, übte er immer wieder, um es auch ja richtig auszusprechen. Ich habe viel Übung im Entlangrennen von Krankenhausgängen. Die Schwestern in der örtlichen Notaufnahme kennen meine Tochter alle beim Namen. Ihr Allergologe hat mir wiederholt eingeschärft, mit ihr immer in Reichweite eines guten Krankenhauses zu bleiben.

Unser Problem in dem Auto in Italien ist, dass wir nicht wissen, wo wir sind. Wir haben uns verfahren. Eine Freundin hat uns am Morgen auf den Bauernhof ihrer Freunde eingeladen, uns geködert mit der Aussicht auf Esel, neugeborene Zicklein, Hundewelpen, Käse aus eigener Herstellung, Pferde und Schweine. Wie immer habe ich im Kopf hastig die Risiken eines solchen Ausflugs einzuschätzen versucht: minimal, oder? Wir würden nichts essen, wir würden nur im Freien sein, in Sonnenschein und frischer Luft, ich konnte ihr vorsorglich eine geringe Dosis Antihistaminikum verabreichen. Sie liebt Tiere, welchen Grund könnte es geben, ihr diese Freude zu versagen? Sollte nicht jedes Kind irgendwann einen Esel streicheln und einer kleinen Ziege Grashalme hinhalten dürfen?

Wir sind unserer Freundin hinterhergefahren, fröhlich und unbedacht, ohne einen Blick auf die Karte zu werfen. Wir haben den Vormittag auf dem Hof verbracht, haben die Zicklein mit ihren winzigen Hörnerhuckeln gekrault, den Esel gestreichelt, der Schildkröte auf ihrem behäbigen

Weg durch das hohe Gras zugesehen. Als meine Tochter von Juckreiz und Unwohlsein befallen wurde, sind wir ohne viel Federlesens aufgebrochen, in die richtige Richtung, wie wir dachten.

Jetzt ist es mehr als nur Unwohlsein. Jetzt ist sie in höchster Gefahr, und wir haben uns verirrt.

Vage schwebt uns vor, dass wir irgendwo an der Grenze zu Latium sein müssen, aber wir haben keinen Handyempfang, und das eingebaute Navigationsgerät sucht blind nach einem Signal. Mit jeder Sekunde, die verstreicht, weicht das Leben aus meinem Kind. Wenn das intramuskuläre Adrenalin einmal verabreicht ist, muss sofort ein Notruf abgesetzt werden. Sie muss ins Krankenhaus, sie braucht einen Herzmonitor, eine Dosis Steroide, blutdruckstabilisierende Medikamente, einen Wiederbelebungsraum, einen Arzt – oder besser ein Ärzteteam.

Wie sollen wir Hilfe holen, wenn wir keinen Handyempfang und keine Ahnung haben, wo wir sind?

Im Geist gehe ich ihre Wege nach, überlege, wo um alles in der Welt es passiert sein kann, welcher Fehler mir unterlaufen ist, was ich übersehen habe, was um Himmels willen durch die Maschen meiner Wachsamkeit schlüpfen konnte. Pollen von einem blühenden Nussbaum irgendwo in der Nähe, ein Rückstand von etwas an jemandes Hand, irgendein Zusatz im Tierfutter? Kann sie irgendwelche Körner- oder Samenstäubchen eingeatmet haben? Was war es, was ich nicht bemerkt, nicht erkannt, nicht verhindert habe?

Im Rückspiegel suche ich den Blick meines Mannes. Was ich ihm zu verstehen geben muss – ohne Worte, um ihr und ihren Geschwistern nicht unnütz Angst zu machen –, ist dies: Sie stirbt, wie Menes, hier in meinen Armen.

Ihre Haut spannt und wirft Blasen, jeder Atemzug ist eine verquälte Symphonie von Keuch- und Pfeiftönen. Unter der Röte des Ausschlags, unter der grotesken Schwellung ist ihr Gesicht geisterhaft bleich.

Ich denke: Sie darf nicht sterben, nicht jetzt, nicht hier. Ich denke: Wie konnte ich das zulassen?

Es war einmal ein Mädchen, das begegnete in einem College-Innenhof einem Jungen mit dessen Freund. Das Mädchen war wütend über etwas (was, tut nichts zur Sache), und während sie mit dem Jungen und seinem Freund redete, trat sie mit ihren Stiefelspitzen auf ein Mäuerchen ein. Sie trug übergroße Stiefel zu jener Zeit, schwarze Stiefel mit Schnürsenkeln um die Knöchel, und die kürzeste Shorts, die der Junge je gesehen hatte.

Der Junge dachte im Weitergehen, dass er noch nie jemand so Unheimliches getroffen hatte wie dieses Mädchen. Das Mädchen dachte im Weitergehen, dass der Junge ein ziemlicher Schisser war. Keiner von ihnen hätte für möglich gehalten, dass sie sich Jahre später ineinander verlieben und schließlich heiraten würden.

Zwölf Jahre nach diesem herben Auftakt bekommen der Junge und das Mädchen – oder richtiger: der Mann und die Frau – ein Kind miteinander. Das Kind hat die Augen der Frau und den spitzen Haaransatz des Mannes; es ist, da sind sich beide im Stillen ganz sicher, das schönste Kind, das jemals geboren wurde.

Als das Kind laufen und sprechen lernt, denkt die Frau, sie hätte vielleicht gern ein zweites Kind. Sie wird schwanger, aber dieses Baby stirbt, noch ehe es zur Welt kommt. Sie weint viel, sie drückt ihren Sohn noch enger an sich und versucht erneut schwanger zu werden. Sie hofft und wartet und wartet und hofft, aber aus irgendeinem Grund spielt ihr Körper nicht mit. Es ist, als hätte er den Trick verlernt, vergessen, wie es geht.

Sie nimmt Vitamine ein; sie macht Yoga; sie geht zu einem Heilpraktiker, der ihr dünne Nadeln ins Fleisch sticht; sie wartet und wartet. Jeder Monat, jeder Achtundzwanzig-Tages-Zyklus endet in erneutem Scheitern, einem neuen unbegreiflichen Verlust.

Ein Arzt untersucht ihr Blut. »Es gibt keinen Grund, warum Sie kein zweites Kind bekommen sollten«, sagt er ihr.

Ein anderer Arzt untersucht ihren Unterleib. »Es gibt keinen Grund«, sagt er, »warum Sie kein zweites Kind bekommen sollten.«

Aber warum, will die Frau wissen, klappt es dann nicht?

Darauf haben die Ärzte keine Antwort. Sie zucken die Achseln, sie wenden sich ab, waschen sich die Hände. »Denken Sie einfach nicht mehr so viel daran«, sagen sie, »dann passiert es wahrscheinlich ganz von allein.«

Die Frau stampft über den Parkplatz. Wenn eine Mauer da wäre, würde sie vermutlich dagegentreten. Das, denkt sie, während sie den Schlüssel ins Zündschloss rammt, ist ein Satz, den sie hasst wie keinen zweiten.

»Denken Sie einfach nicht mehr so viel daran«, faucht sie

die Automatikschranke am Ausgang an, die sich brav für sie öffnet, »dann passiert es wahrscheinlich ganz von allein.«

Als sie vor dem Hort ihres Sohns anhält, murmelt sie: »Dann passiert es ganz von allein. *Wahrscheinlich.*« Sie fasst die vor dem Tor wartenden Mütter ins Auge. Alle haben sie ein Kind oder auch zwei im Hort und ein kleineres Kind im Tragetuch oder im Buggy. Ihr Sohn fragt seit einer Weile nicht mehr, wann er ein Brüderchen oder Schwesterchen bekommen wird, das ist der Frau nicht entgangen. Erst letzte Woche allerdings wollte er wissen, ob man auch mit sich selbst Fangen spielen kann.

Sie holt tief Atem, stößt die Autotür auf, wirft die Haare zurück und steigt aus.

Das Problem ist natürlich, dass sich der Gedanke nicht abschütteln lässt. Sie kann nicht *nicht* daran denken. Das Verlangen, das Bedürfnis, das Leid, das Ungenügen ist unausgesetzt gegenwärtig. Es bildet eine fortwährende Unterströmung zu allem, was sie tut. Sie will noch ein Kind, sie will ein Geschwisterchen für ihren Sohn, sie will das Baby, das sie verloren hat, sie will irgendein Baby, egal, welches. Es ist wie eine Brille, die sie nicht absetzen kann.

Der Mann und die Frau gehen zu einem anderen Arzt. Seine Praxis hat Mattglasfenster; die Menschen im Wartezimmer sehen still vor sich hin; die Luft ist getränkt von Sehnsucht, von Verlust, von bangem Hoffen. Hier wird sie von niemandem gefragt werden, wann sie *in die Puschen kommt*. Hier wird sie von niemandem die Worte hören: *Die Uhr tickt.*

Zu einem ihrer Termine nimmt die Frau ihren Sohn mit,

und die anderen Wartenden werfen einen raschen Blick auf ihn – auf seine Sandalen mit den heruntergerutschten Söckchen, seine Schulterblätter unter dem T-Shirt, seine kleinen Finger, die er in die Hand seiner Mutter geschoben hat –, um dann gleich wieder wegzuschauen, und die Frau schämt sich, dass sie unglücklich ist, wo sie doch ihn hat und damit so viel. Diese Frauen kommen seit Jahren hierher und haben nichts vorzuweisen. Weniger als nichts.

Die Frau spritzt sich, geht zum Ultraschall, gibt Blutproben ab, liegt geduldig auf Liegen, während mit metallenen Instrumenten in ihr herumgestochert wird.

Als sie den Anruf bekommt, dass es nicht funktioniert hat, dass die Testergebnisse negativ sind, nicht zufriedenstellend, dass die ganze Prozedur umsonst war, die Embryos sich nicht eingenistet haben, steht sie im Supermarkt an der Käsetheke.

Verstehe, sagt sie in ihr Telefon, während sie auf den Cheddar starrt, die Parmesankeile, den schon zerlaufenden Brie. Verstehe, danke, ja, sicher. Sie legt grußlos auf.

»Wer war das?« Ihr Sohn schaut zu ihr auf, die Packung mit seinen geliebten Schmelzkäseecken an sich gedrückt.

Niemand, sagt sie. Nichts. Es war niemand.

Es war irgendein Zauber im Spiel. Dessen bin ich mir sicher.

Ich bin nicht mystisch oder abergläubisch veranlagt. Ich glaube nicht an Glück, Schicksal, Karma, an irgendeine göttliche Hand oder himmlische Vergeltung. Ich betreibe keine Hexerei.

Tatsache ist aber, dass ich mich nach diesem Moment an der Käsetheke über Wochen antriebslos fühlte, matt, flau. Ich fuhr mit dem Campingbus auf die Isle of Skye, wo es regnete und regnete, nicht ab und zu, sondern jeden Tag, unablässig. Ich blutete, immer weiter, mehr als menschenmöglich schien. Ich ging in die Drogerie und hörte mich nach Eisentabletten und, nuschelnd, nach Binden fragen. »Windeln?«, fragte die Verkäuferin, worauf ich in hysterisches Gekicher ausbrach. Beim Bezahlen sah ich sie besorgt zu mir herüberspähen.

Es regnete waagrecht, es regnete senkrecht, es regnete in Wellen. Ich heulte auf Bergen, am Strand, im Wald, im Meer: überall da, wo ich weinen konnte, ohne dass mein Sohn es mitbekam. Ich schwamm in den Fairy Pools von Glenbrittle; in meinen Neoprenanzug verpackt, tauchte ich unter dem Wasservorhang hindurch, wo mich eine solche Eisluft empfing, dass es mir in der Lunge wehtat. Keine Hormonbehandlungen mehr, beschloss ich, während ich durch das klare, bitterkalte Wasser pflügte, keine neuerlichen Versuche; es würde in unserem Haus kein weiteres Kind geben.

Ich kam nach Hause zurück und räumte die Garage aus; all die Flauschdecken, Babykörbchen und Umstandskleider wanderten in den Secondhandladen. Ich hatte ein Kind und würde kein zweites haben; dieses Kapitel in meinem Leben war abgeschlossen. Es war aus, es war vorbei, und damit musste ich mich abfinden.

Aber etwas stimmte nicht. Mein Körper hatte sich des Fremdkörpers entledigt, und dann tat er nichts mehr. Es war, als pausierte er, wartete auf etwas. Zehn Wochen seit der IVF, elf Wochen, zwölf und immer noch keine Periode. Also machte ich einen Termin in der Praxis, vor der mir inzwischen natürlich graute, bei dem Arzt, den ich nie wieder hatte sehen wollen, und er schickte mich zum Ultraschall, »um zu schauen, was los ist«, und als die Sonde über meinen Bauch glitt – war es da. Ein lebendiges, putzmunteres Figürchen mit winkenden Beinen und Armen, als wollte es auf sich aufmerksam machen, ein Herz, das pochte und pochte, sich von Hell zu Dunkel färbte und wieder zurück.

Der Arzt schnappte nach Luft. Die Schwestern schlugen sich die Hand vor den Mund und blätterten dann aufgescheucht in meiner Akte. Wie konnte es das geben?, fragten sie. Wie hatte sich dieser Embryo festsetzen können, obwohl nichts auf eine Schwangerschaft hindeutete, trotz der schweren Blutungen, unter denen sein Zwilling abgestoßen worden war, trotz eines negativen Bluttests, trotz aller Beweise dafür, dass die Embryos abgegangen waren, ausgeschwemmt, weggespült?

Aber hier war sie, allem zum Trotz, stattliche dreizehn Wochen alt, und winkte, was das Zeug hielt.

Meine Tochter kam sechs Monate später zur Welt, im Vorfrühling. Sie war zart, großäugig, so weich wie Otterpelz, ihr Köpfchen überzogen mit weißblondem Flaum. Wenn jemand sie aus meinem Arm nahm, weinte sie, als müsste ihr das Herz brechen. Ihre erste Nacht verbrachte sie an meiner Schulter zusammengerollt, ganz still und ruhig. Wann immer ich zu ihr hinunterblickte, waren ihre Augen halb offen und sahen mich an, wie um zu sich zu vergewissern, dass ich noch da war, dass ich mich nicht heimlich weggestohlen hatte.

In jedem Märchen ist für einen Wunsch, der erfüllt wird, ein Preis zu bezahlen. Es gibt immer eine Auflage, eine Bedingung. Kein Wunsch ohne seine Kosten. Hätte ich das wissen müssen, als ich sie in dieser ersten Nacht im Arm hielt, als ich auf das Ultraschallbild starrte, als ich aus der Praxis rannte, Telefon in der Hand, und mit zitternden Fingern die richtigen Tasten zu drücken versuchte, um meinen Mann anzurufen, den Jungen aus dem Collegeinnenhof, und zu sagen: Du glaubst nicht, was ich gerade gesehen habe?

Wie viel lieber wäre ich diejenige, die den Preis für meinen Wunsch entrichten muss, der die Buße abverlangt wird. Ich gäbe alles, um den Fluch von ihr nehmen, ihn auf meine Schultern verlagern zu können. Aber es hilft nichts, ich muss zusehen, wie mein Kind, mein Kleines, meine schuldlose Tochter sich quält.

Und sie quält sich so sehr.

Als mein zweites Kind den zweiten Tag auf der Welt war und ich selbst noch am Tropf hing, halb benommen von der Narkose, zog ich ihr den Strampelanzug aus, in den die Schwestern sie gesteckt hatten. Meine Hände bebten, vor Aufregung oder vielleicht von den Medikamenten, und als ich ihr den Anzug abstreifte, rieselte etwas heraus, das aussah wie Schneeflocken. Plötzlich war mein Schoß weiß gepudert.

Komisch, dachte ich und legte den Anzug beiseite und vergaß die Sache.

Das war das erste Anzeichen.

Wenn die Ärzte mich fragen, wann sie Dermatitis entwickelt hat, sage ich, sie wurde damit geboren. Nach nur einer Woche hing die Haut in Fetzen an ihr wie getrockneter Kleber. Ärmelbündchen schienen zu rau für ihre blütengleiche Zartheit; die Innenseiten von Druckknöpfen und Reißverschlüssen waren metallische Gewaltakte, die ihr klaffende rote Schrunden aufbrannten.

Ihre Haut sah nie so aus, wie Haut aussehen sollte. Sie war fleckig, heiß, trocken wie Sandpapier, krisselig unter der Entzündung. Mit nur einem Monat steckte mein Kind bereits in dem flammenden, schmerzenden Ganzkörpergips des Ekzems. Ihre Haut riss auf, wenn sie nur das Handgelenk abknickte, den Arm, das Bein; die Krankheit hatte jeden Millimeter, jede letzte Ritze von ihr befallen, von den Zehenknöcheln bis zur innersten Ohrfalte.

Wenn sich die Leute in diesem Frühjahr dem Kinderwagen näherten, um mein Neugeborenes zu bewundern, umklammerte ich jedes Mal schon den Lenker und wappnete mich. Bitte, beschwor ich sie stumm, versucht etwas Nettes zu sagen, lobt ihre blauen Augen, ihre blonden Löckchen. Weicht nicht entsetzt zurück. Ruft nicht: Du liebe Güte, was ist das denn?

Wenn ich an diese Tage zurückdenke, möchte ich zu meinem damaligen Ich hingehen, ihm die Hand auf die Schulter legen und sagen: Wenn du wüsstest. Denn zu jener Zeit dachte ich ja noch, es wäre etwas, das sich in den Griff bekommen ließ. Es war schließlich nur ein Hautausschlag. Wie tragisch kann ein Hautausschlag sein?

So vieles ahnte ich noch nicht, als ich sie in ihrem roten Kinderwagen den Hügel hinaufschob. Dass es für Dermatitis bis zum heutigen Tag keine Heilung gibt. Dass sich der Zustand ihrer Haut, der mir so schlecht schien, wie er überhaupt nur sein konnte, noch um vieles verschlechtern würde. Dass Dermatitis in ihrer schlimmsten Form lebensbedrohlich sein kann. Dass ihre Haut sie jede Minute jedes einzelnen Tages quälen würde. Dass das Ekzem nur ein Vorbote noch viel ernsterer gesundheitlicher Probleme war.

Sie war noch keine neun Monate alt, da hatte uns der Allgemeinarzt, zu dem uns die Sozialschwester geschickt hatte, seinerseits zu einer dermatologischen Fachschwester geschickt, die uns zu einer Dermatologin an dem großen Londoner Krankenhaus schickte, in dem sie und ihr Bruder geboren waren.

Auf dem Heimweg von diesem Termin traf ich meine Freundin Constance auf der Straße. Sie warf einen Blick auf mich und fragte, was denn um Gottes willen passiert sei. Ich ließ mich auf ein Mäuerchen sinken, meine Tochter an mich gedrückt, die sich krümmte und kratzte und in ihre Kleider blutete, und brach in Tränen aus. Constance nahm sie mir ab, und ich berichtete ihr, wie wir fünfundvierzig Minuten hatten warten müssen, und als wir hereingerufen wurden, war die Ärztin am Schreiben. Ich dachte, es wären ein paar abschließende Notizen zu dem Patienten vor uns, aber da riss sie schon schwungvoll eine Seite von ihrem Rezeptblock und hielt sie mir hin, ehe ich auch nur Platz nehmen konnte. »Hier!«, sagte sie. »Die gute Nachricht ist, dass sie sich in diesem Alter noch nicht aufkratzen können!« Sie untersuchte meine Tochter nicht, sie stellte mir keine einzige Frage, sie schaute nicht einmal in den Kinderwagen. Hätte sie das getan, dann hätte sie sehen können, wie mein winzig kleines Mädchen sich die Handgelenke an den Gurten ihres Geschirrs aufscheuerte, sie hätte einen mit nässenden Blasen und Knötchen bedeckten Kinderkörper gesehen, sie hätte den verzweifelten, müden, gequälten Blick in den Augen meiner Tochter gesehen – einen Blick, wie ihn kein neun Monate altes Kind je haben sollte.

Im Lift wieder nach unten überflog ich das Rezept und las den Namen derselben paraffinhaltigen Pflegecreme, die mir die Sozialschwester gegeben hatte, als meine Tochter fünf Wochen alt gewesen war. Sie hatte rein gar nichts bewirkt.

Zwischen zwanzig und dreißig, als ich meinen Weg durchs Leben erst noch finden musste, hatte ich einen wiederkehrenden Traum von großer Intensität. Er trat phasenweise auf, dieser Traum, aber es war immer die gleiche Szene, die gleiche Umgebung, und immer zu ähnlichen Zeiten des Umbruchs oder inneren Aufruhrs. Er kam, stieg aus meinem Unbewussten herauf, wenn ich wieder einmal aus einer dubiosen, feuchten Wohnung in die nächste zog, wenn ich eine neue Stelle antrat, wenn ich mich von einem Mann getrennt hatte oder von ihm verlassen worden war, wenn ich eine schlimme Nachricht erhalten hatte, wenn es jemandem, der mir wichtig war, schlecht ging. Stets tauchte in solchen Momenten der Traum an die Oberfläche, oft mehrere Nächte hintereinander.

In dem Traum lief ich einen Pfad entlang, und vor mir lief ein Kind, ein Mädchen mit hellen, lockigen Haaren. Das Mädchen weinte. Ich sah es an ihren dünnen, gebeugten Schultern, an den Händen, die an ihren Augen herumwischten, dem stockenden, stolpernden Gang.

Ich versuchte jedes Mal, sie einzuholen. Manchmal schaffte ich es, dann wieder mühte ich mich vorwärts, aber der Abstand zwischen uns vergrößerte sich nur. Wenn es mir gelang, sie zu erreichen, hob ich sie hoch und trug sie, oft auf meinem Rücken. Ich spüre noch das Traumgefühl ihrer Ärmchen, die sich an meinen Schultern festklammern.

Für ein so kleines Kind war sie schwer, als drückte ihr Leid uns beide nieder. Wenn ich bis zu ihr kam und sie auf den Arm nahm, hörte das Weinen auf; ich war mir stets meiner Fähigkeit bewusst, diesen Wandel herbeizuführen. Manchmal erwachte ich mit einem Ruck, voller Panik, weil ich ihr wieder nicht hatte helfen können.

Zum ersten Mal hatte ich diesen Traum als Zweiundzwanzigjährige, tiefnachts in der Transsibirischen Eisenbahn, auf meinem langen Weg zurück aus China. Ich schreckte aus dem Schlaf, fuhr hoch auf meiner Liege, den Schlafsack um mich gezogen, und starrte im Abteil umher, als müsste das Kind dort stehen und auf mich warten.

Da war niemand.

Ich kletterte aus meiner Koje, schob mich leise an meinen Abteilgenossen vorbei, die unter mir schliefen, und trat auf den Gang. Der Zug schlingerte und ratterte durch die Nacht und beförderte uns Schlafende nordwärts, aus China heraus, durch die Mongolei. Ich sah hinaus auf die Wüste Gobi, die vor den Fenstern vorbeizog, und drückte die Finger an das Glas, wie um die entschwindenden Fäden des Traums festzuhalten: das Mädchen, den Pfad, ihre Not, meinen überwältigenden Drang, ihr zu helfen. Der Himmel draußen war eine unermessliche, sternenflimmernde Wölbung, der Blick von einer Weite, dass ich fast meinte, die Erdkrümmung ausmachen zu können.

Damals, in dieser einsamen Wüstennacht, glaubte ich, das Mädchen sei ich selbst; von hinten sah sie aus wie ich als Kind, mit ihrem schmächtigen Körper, dem hellen Haar, ihrem überströmenden Unglück. Ich hielt es für den Versuch, Fühlung mit einer früheren Version meiner selbst aufzunehmen, um mich zu trösten, mir zu versichern, dass alles gut werden würde. Aber stimmte das?, fragte ich mich, während ich hinaussah in die Weite. Würde alles gut werden? Ich hatte keine Ahnung.

Jahrelang blieb das meine Deutung. Diese nächtlichen Visionen mussten eine unbewusste Begegnung zwischen meinem Erwachsenen- und meinem Kinder-Ich sein. Heute frage ich mich natürlich, ob die Gestalt vor mir auf dem Pfad nicht eher meine Tochter war.

Sie und ich ähneln uns sehr, das sagen alle, Freunde und Fremde gleichermaßen. Fotos von uns im selben Alter könnten austauschbar sein, sieht man von den Siebzigerjahre-Nylonmonturen ab, in denen ich stecke. Bei einem verwackelten, verfärbten Film von mir als Fünfjährige bei einem Straßenfest rief meine Tochter einmal im Brustton der Überzeugung: »Schau, da bin ich!«

Ich habe diesen Traum seither nie wieder gehabt. Er ist verschwunden, verflogen mit den übrigen Begleiterscheinungen meiner Zwanziger: den tristen Mietwohnungen, den unsicheren, geisttötenden Jobs, den nächtlichen Streifzügen durch die Stadt, den Heimfahrten im letzten Bus, den Monatskarten, den ausgelassenen Mahlzeiten, den Fehlgriffen in der Liebe, den verzweifelten Anrufen aus Telefonzellen, den Kleidern (diesen dünnen Fähnchen, T-Shirts, die so kurz waren, dass sie den Bauch frei ließen, Hosen, die tief auf der Hüfte saßen), meinen aufrichtigen und aufreibenden Bemühungen, andere, ältere Erwachsene davon zu überzeugen, dass ich die richtige Frau für den Job war, dass ich alles dafür Erforderliche leisten konnte, ganz bestimmt konnte ich das, wenn ich bloß die Chance bekam.

Ist mir meine Tochter schon anderthalb Jahrzehnte vor ihrer Geburt erschienen? Ich stelle es mir gern so vor. Ich möchte denken können, dass sie eine Schleife zurück durch die Zeit gedreht hat, um erste Bande zu knüpfen mit einer Person, die noch nicht bereit dafür war, ihre Mutter zu sein – nicht annähernd bereit, wenn ich ehrlich bin. Um mich darauf vorzubereiten, dass sie eines Tages in mein Leben treten würde. Um mich einzustimmen auf den Weg, der vor uns lag, um die Saat für all die Stärke, Empathie und Belastbarkeit zu säen, die für ihr Dasein vonnöten sind.

Das Maß an Sorge und Geduld, das für ein Kind mit chronischem Ekzem aufgebracht sein will, ist mit Worten schwer auszudrücken. Wir reden hier von Kindern, die sich jede einzelne Minute elend und unwohl fühlen. Sie schlafen nicht, sie können nicht essen, sie können nicht spielen. Kleider zu tragen ist eine Qual für sie. Alles löst einen Juckreiz aus – Wärme, Kälte, Wolle, Sofas, Tiere, Wind, Gras, Blätter, Essen, Spielzeug, Parfüm, Seife, Rauch, Sand, Beton, Schlamm, Wasser, Saft, Schnüre, Gummizüge, Stoff, Staub, Schimmel. Auf nichts können sie sich länger als eine Sekunde oder zwei konzentrieren, weil der Schmerz ihrer Haut so stark ist, so übermächtig.

Ich kenne nichts, was auch nur vergleichbar wäre. Ich hatte nicht für denkbar gehalten, dass solches Leiden, solche Pein möglich ist. Wenn ich bei uns daheim durch die Zimmer lief, dieses kläglich weinende Baby im Arm, wusste ich nicht aus noch ein. Ich rieb es mit den Salben ein, die der Arzt mir verschrieben hatte, aber sie richteten nichts aus – sie halfen kein bisschen. Ich konnte es nicht fassen, dass so ein Zustand erlaubt war, dass es so etwas geben konnte. Was, wollte ich die Wände anheulen, die Teppiche, die Stühle, was zum Teufel soll ich denn TUN? Ich hatte das Gefühl, bei irgendeiner offiziellen Stelle Beschwerde einlegen, Anzeige erstatten zu müssen. Immer wieder musste ich gegen den Drang ankämpfen, mit ihr auf die Straße zu laufen, Passanten anzuhalten, ihnen meine Tochter zu zeigen und zu rufen: Da, sehen Sie das? Haben Sie je so etwas gesehen? Sagen Sie mir, was ich machen soll! Helfen Sie ihr! Helfen Sie mir!

Ich wusste kaum noch, wie ich leben, wie ich existieren sollte, wie es ertragen, ein so kleines Kind solche Qualen ausstehen zu sehen, ohne sie lindern zu können.

Ich musste sie nur einen Augenblick in ihr Bettchen legen, um mir etwas zu trinken oder zu essen zu holen oder aufs Klo zu gehen. Sofort hörte ich jammervolles Schreien, und wenn ich zurückeilte, waren die Kissen, das Bett selbst, die Wände, das ganze Kind blutverschmiert, weil sie angefangen hatte, sich zu kratzen, sich die Kleider vom Leib zu reißen und die Nägel ins Fleisch zu krallen. Dann hob ich sie heraus, tröstete sie, rieb sie mit Wundcreme ein, zog ihr frische Sachen an, überzog das Bett neu, stopfte die besudelten Kleider und Laken in die Waschmaschine. Ich versuchte, ruhig zu bleiben, positiv. Guck mal, sagte ich zu ihr, wenn ich sie auf ihre Spieldecke legte, ein Ball! Eine Rassel! Ein lustiges Buch, eine Quietschente! Um dann zusehen zu müssen, wie sie sich abwandte, das Spielzeug aus der Hand gleiten ließ, sich zusammenrollte und anfing, die Arme gegen die Decke zu reiben, um Erlösung zu finden, Erleichterung, irgendein anderes Gefühl als die Ausweglosigkeit ihres Zustands.

Einen Tag nach dem grauenvollen Termin in der Klinik creme ich meine Tochter gerade zum zwanzigsten oder dreißigsten Mal ein, um sie füttern zu können, als Constance anruft.

»Ich hab mich jetzt schlaugemacht, zu wem ihr gehen müsst«, sagt sie. »Er heißt Dr. Fox, und ihr müsstet privat hin, aber er ist der Beste. Das sagen alle.«

»Ich weiß nicht«, murmle ich, während ich die Cremeflaschen und -tuben in den Korb unterm Sofa zurückordne, »privatärztliche Behandlung, meinst du wirklich, dass ...«

Constance fällt mir ins Wort. »Du kannst nicht so weitermachen. Und sie auch nicht.«

Ich schaue hinab auf das Gesicht meiner Tochter, ihre leidgeprüften blauen Augen, die schrundige, gereizte Haut an Wangen und Stirn, die entzündeten, suppenden Risse an ihrem Hals, den blutverfleckten Schlafanzug.

Ich schreibe die Nummer auf. Ich vereinbare einen Termin. Ich zahle die zweihundert Pfund. Binnen Tagen sitzen wir bei Dr. Fox im Behandlungszimmer (keine Warteliste, keine undurchschaubaren Verzögerungen). Er erkundigt sich nach der Geburt meiner Tochter, ihrer Ernährung, meiner Krankheitsgeschichte, der meines Mannes. Er lächelt meinem Sohn zu, der mit im Zimmer ist, und sagt: »Keine Hautprobleme hier, wie ich sehe.« Er bittet mich, meine Tochter auszuziehen, und jeder andere Ausdruck auf seinem Gesicht weicht einer hochkonzentrierten professionellen Sorgfalt. Er hebt ihre Arme, untersucht mit federleichten Berührungen ihre Handgelenke, die Beine, den Oberkörper.

Er schreibt mir eine Liste von Dingen auf, die ich für sie verwenden soll: Badeöle, Seifensubstitute, Steroide, Feuchtigkeitscremes, antibakterielle Tinkturen, tensidfreie Shampoos. Er überweist uns an seine dem National Health Service angeschlossene Praxis, damit wir beim nächsten Mal nichts zahlen müssen. Er stellt mir einen Stapel Faltblätter zusammen, zu Hautempfindlichkeiten,

Sonnencremes, Waschpulvern, Neurodermitisoveralls, Seidenhandschuhen, Pyjamas mit geschlossenen Fäust- und Füßlingen.

Ich bedanke mich und will schon aufstehen, da sagt er: »Ich würde gern noch einen Allergietest bei ihr machen, nur für alle Fälle.«

Ich reagiere verdutzt. Ich sage fast, wozu das denn? Allergien hat noch nie jemand erwähnt, keiner der anderen Ärzte, bei denen ich mit ihr war. Außer Milch und etwas püriertes Gemüse hat sie bisher nichts zu sich genommen. Allergien tauchen auf meinem Radarschirm nicht auf. Ich habe keine, mein Mann und mein Sohn auch nicht. Aber weil dieser Arzt so nett war, so aufmerksam, weil er mein Kind so sanft angefasst hat, willige ich ein. Natürlich willige ich ein. Welche andere Wahl habe ich denn?

Muss ich dazusagen, dass das Testergebnis eindeutig ausfiel, mehr als eindeutig? Dass sie auf eine lange Liste von Dingen allergisch war, von denen etliche zu einer gefährlichen bis letalen Anaphylaxie führen können? Dass ihre Immunglobulin-E-Werte schwindelnd hoch waren, im grauen Bereich der Tabelle, jenseits aller Referenzwerte? Dass sich mit diesem Moment unser Leben um eine neue Achse zu drehen begann? Dass es mir angesichts der Ergebnisse unfassbar schien, wie ich mit ihr in einem Zustand solch grauenvoller Ignoranz durch die Welt hatte ziehen können? (Aber wir haben sie mit nach Afrika genommen, auf eine entlegene Insel in Schweden!, wollte ich schreien, als könnte pure Lautstärke diese Frevel ungeschehen machen.) Dass wir uns binnen Minuten in einem Nebenraum wiederfanden, wo mein Mann und ich nach den Anweisungen einer Praxishelferin Adrenalin in den Schenkel einer Gummipuppe spritzten?

Mit einem Kind zu leben, das an einer lebensbedrohlichen Krankheit leidet, jemanden zu lieben, der dir jeden Moment genommen werden könnte – was macht das mit dir? Das frage ich mich oft.

Das Leben, das du führst, ist unterlegt mit einem permanenten Hintergrundrauschen potenzieller Gefährdung. Du beginnst die Welt anders wahrzunehmen. Du gehst nicht wie früher spazieren und siehst einen Garten, einen Spielplatz, ein Gehege mit Zwergziegen. Du schätzt ununterbrochen die Risiken ein: die blühende Weißbirke da drüben, die Essensverpackungen in dem Mülleimer dort, die Haselkätzchen, die herumtollenden Hunde, von denen Haare und Hautschuppen wegstieben. Du bekommst sehr schnell Übung darin, die eigene Angst und Wachsamkeit niedrig zu hängen, sie verborgen zu halten, Ruhe zu bewahren, in gelassenem Ton zu sprechen, selbst wenn du so von Panik erfüllt bist, dass du nichts anderes hörst als deinen eigenen rasenden Herzschlag. Du siehst jemanden mit einem Nussriegel die Straße entlangkommen und sagst, locker, leichthin, gehen wir vielleicht kurz da rüber, wenn du eigentlich schreien möchtest: Lauf, lauf um dein Leben!

Du achtest darauf, dich von deiner Tochter zu verabschieden, bewusst und mit Blickkontakt, wann immer sie das Haus verlässt. Oft fällt es dir am Schultor nicht leicht, ihre Hand loszulassen, aber du befiehlst dir, dich am Riemen zu reißen, deine Frau zu stehen. Du kannst dich nur schwer durchringen, irgendetwas wegzuwerfen, das dein Kind gemalt oder gebastelt oder geliebt hat; du zögerst lange vor dem Mülleimer oder dem Haufen für den Secondhandladen, ehe du zu dem Schluss kommst, nein, du kannst dich noch nicht trennen von dieser schief zusammengeklebten Eule, diesem räudigen Plüschfuchs, auch wenn eure Schränke aus allen Nähten platzen.

Du sorgst dich – oft – um die Auswirkungen, die all dies auf sie haben muss, auf ihre Psyche, ihr Stressniveau. Du weißt aus eigener Anschauung, dass eine Nahtoderfahrung einen Menschen für immer verändert, dass er gezeichnet vom Rand des Abgrunds zurückkehrt, weiser, schwermütiger. Du fragst dich, was sie denkt, wohin sie geht, wenn ihre Atemwege zuschwellen, wenn sie das ferne Jaulen des Krankenwagens hört, wenn sie ihre Mutter mit der Spritze auf sich zustürzen sieht, wenn der Adrenalinstoß ihre Blutbahn erreicht. Du weißt, dass ein jeder solcher Blick in die Tiefe einem Kind seinen Stempel aufdrückt, es ausgrenzt. Du kannst nichts ändern daran, wie auch, aber es bedrückt dich dennoch. Du machst dir Sorgen, wie es sich auf das Verhältnis unter den Geschwistern auswirkt. Du möchtest auf keinen Fall, dass ihr Bruder und ihre Schwester sich zurückgesetzt fühlen, übersehen oder ihr – Gott behüte – ihre Sonderstellung verübeln. Du sorgst dich.

Du wünschst dir verzweifelt, dass die Leute den Menschen hinter der Krankheit sehen, sie nicht auf eine Ansammlung von Symptomen reduzieren. Zu oft werden ihre Ekzeme, ihre Allergien, ihre jähen Krankheitsschübe stellvertretend für die Person wahrgenommen, für das Kind, das sie ist. »Das Mädchen mit den Handschuhen«, hörst du am Schultor jemanden sagen und würdest am liebsten zu ihm hingehen und fragen: Und, was siehst du noch, wenn du sie anschaust?

Du möchtest, dass sie als Individuum anerkannt wird, nicht nur als medizinisches Phänomen. Du entwickelst einen regelrechten Hass auf das Wort »Problem«; was sie hat, sind keine »Probleme«, sie selbst ist kein »Problem«, und auch ihre Anwesenheit in einem Raum ist keines. Du verwendest viel Zeit darauf, Listen mit akzeptablen Worten zusammenzustellen, bevor du zuletzt doch bei »Herausforderung« landest. Du probierst es aus: Mein Kind hat mit immunologischen Herausforderungen zu kämpfen, mit dermatologischen Herausforderungen.

Du gibst vor, nichts zu merken, dir nichts daraus zu machen, wenn die Größen- und Gewichtstabellen ergeben, dass sie im vergangenen Jahr keinen Zentimeter gewachsen ist. Du wirfst mit positiven Synonymen für das Wort »klein« um dich, wenn sie fragt, warum alle in ihrer Klasse größer als sie sind: zierlich, sagst du, zart, grazil, anmutig, ätherisch, gerade richtig.

Eine Weile wirst du einiges an Zeit und Energie investieren, um herauszufinden, warum es so gekommen ist. Warum sie? Zu den Theorien, die diverse Experten an dich herantragen, gehören: die Amalgamfüllungen in deinen Backenzähnen, ihre Zeugung in vitro, der Verlust des anderen Embryos, der dem Verlust einer Haut gleichkommt, ein Trauma aus einem früheren Leben (ob deinem oder ihrem, bleibt unklar), eine Tetanusimpfung, die du bekommen hast, als du von der Schwangerschaft noch nichts wusstest, ein unnatürlich sauberes Haus (was immerhin Heiterkeitswert hat), das Zusammenwirken deines leichten Asthmas mit den gelegentlichen Hautausschlägen deines Mannes, und so fort. Du beschließt, die Frage nach dem Warum abzuschreiben und dich stattdessen auf das Wie zu konzentrieren.

Es gibt Zeiten, in denen alles eine mythologische Färbung annimmt; du hältst ihre Adrenalininjektoren ins Licht, betrachtest die wolkige gelbe Flüssigkeit und erkennst, dass dir hier ein Elixier an die Hand gegeben ist, um dein Kind von den Toten zurückzuholen. Du musst es verwunden, um es zu retten. Du kannst es aus dem Totenreich befreien, aber nur mit der richtigen Auswahl magischer Gegenstände und durch die Fürsprache der richtigen Person. Zwischendurch erscheinen dir solche Fantasien verstiegen. Dann wieder liest du deiner Tochter die Sage von Persephone vor und kannst es kaum fassen, wie exakt sie auf euch passt. Wie viel wussten die Menschen damals über diese Dinge?, fragst du dich. Du und deine Tochter schaut euch stumm an, während ihr beide der Geschichte nachhängt: das Mädchen, das sechs Granatapfelkerne gegessen hat, sechs schicksalhafte Samen, mit denen es sich der Unterwelt verschreibt, und die Mutter, die alles daransetzt, es zurückzuholen.

Du wirst mit deinen Kindern in ein ethnologisches Museum gehen und dort die jahrhundertealten Amulette aus Papua-Neuguinea bestaunen, die gegen böse Geister getragen wurden, gegen Tod, Krankheit. Mehrere haben den Umfang eines Kinderhandgelenks. Ein vertrautes Gemisch aus Hoffnung, Verzweiflung und Beschützerdrang scheint dir von diesen Perlen, Zwirnsfäden und Federn auszugehen. Du denkst: ihr auch? Und denkst: Hat es geholfen? Es verlangt dich danach, die Hand unter dem Glas durchzuschieben, dir eins zu greifen, es deinem Kind umzubinden, allen deinen Kindern, und schnell weiterzugehen.

Du wirst es fertigbringen, deiner geliebten Tochter zu beteuern, dass alles gut ist, obwohl du weißt, gleich hinter diesem Vorhang legt jemand ein Skalpell bereit, das in Kürze dazu benutzt werden wird, einen Abszess an ihrem Bein aufzuschneiden. Du wirst diejenige sein, die sie festhält. Deine Hände werden es sein, die ihr die Knie nach unten drücken, die Arme; dein Oberkörper wird ihren niederhalten. Es wird deine Stimme sein, die über ihre Schreie hinwegspricht, ihr gut zuredet, ihr versichert, dass sie es bald überstanden hat.

Du wirst es lernen, reserviert zu lächeln, wenn jemand sagt: Gott, wie halten Sie das bloß aus! Es wird Tage geben, an denen die Verantwortung, die Eingeschränktheit, die Bedrohung dich überwältigen, zu Boden drücken. An solchen Tagen musst du dich verkriechen, in irgendeinem entfernten Winkel, wo du ungestört weinen und vor dich hin fluchen kannst. Du machst einen Kurs für Herz-Lungen-Wiederbelebung, und während du dich am mechanischen Herzen einer gesichtslosen Puppe abarbeitest und dabei von fünfzehn rückwärts zählst, denkst du: Eines Tages ist das womöglich mein Kind.

Du wirst Kraftreserven in dir entdecken, von deren Existenz du nichts wusstest. Es wird Freundinnen geben, die sagen, natürlich kann sie zu uns kommen, ich sauge und putze und wische vorher das Haus, ich schrubbe die Tische, ich backe Kekse ohne Ei, ich mache alles, du musst mir nur sagen, was. Du wirst dich öfter von der Güte der Menschen übermannt fühlen als von ihrer Herzlosigkeit. Du wirst immer wieder denken, du erträgst es nicht, aber du erträgst es.

Du legst dir ein dickes Fell zu, wenn Mütter auf dem Spielplatz dein schorfbedecktes Kind anstarren und mit lauter Stimme fragen: »Was hat sie da? Steckt das an?« Du wendest das Gesicht ab, wenn jemand dir sagt, sie soll lieber nicht zum Kindergeburtstag kommen, weil das »immer so ein Aufstand ist«.

Du bist so dankbar, wenn Leute nett und mitfühlend zu ihr sind, dass du deinen Überschwang kaum bezähmen kannst. Du musst dich ermahnen, vernünftig zu sein, unemotional, wenn du auf diese Engel in Menschengestalt triffst – sie nicht mit beängstigender Intensität zu umarmen, dich nicht zigmal bei ihnen zu bedanken. Nicht zu dick auftragen, befiehlst du dir, wenn du vor der Lehrerin stehst, die deiner Tochter ihren Schulplatz erkämpft hat, trotz der damit verbundenen Mühen; vor dem Apotheker, der einen Blick auf sie geworfen und die Bestellung von Neurodermitisoveralls abgesegnet hat, die der Allgemeinarzt zu teuer fand. Vor der Frau im Kaufhaus, die nichts sagt, als dein Kind durch seine Kleider hindurch auf den Sitz in der Umkleidekabine blutet. Der allergologischen Fachschwester, die bereit ist, Briefe für dich zu schreiben, sich für dich mit dem Schulamt herumzuschlagen, und mit offenen Armen an der Tür des Krankenwagens steht, wenn dein Kind mit anaphylaktischem Schock eingeliefert wird.

Du wünschst deinem Kind, allen deinen Kindern, nur dies eine: dass sie ihr Leben frei von Ängsten, von Beschwerden, von der Verurteilung durch andere leben können. Nachts liegst du im Bett, stößt im Dunkeln den Atem aus und sagst dir, ein Tag mehr. Ein Tag mehr, den ich sie am Leben halten durfte.

Dich kann weder Angina erschüttern noch Blinddarmentzündung, weder ein Kind, das eine Wanderung bis auf die Haut durchnässt antritt, noch Erbrochenes, aufgeschlagene Knie, Splitter, mit Hundedreck eingesaute Latzhosen, Haare, die für euren anstehenden Fernflug klammheimlich mit Joghurt nach hinten gegelt worden sind, Seen von Shampoo mitten auf dem Badezimmerboden, Stunden in der Notaufnahme, um Platzwunden, verstauchte Knöchel, Gehirnerschütterungen zu verarzten, die Wachskreide an der frisch gestrichenen Wand, der Regen durchs Dach, euer von einem Fahranfänger geschrottetes Auto. So etwas sind Kleinigkeiten; das Leben ist groß.

Unsere Straße in Italien ist zu einem löchrigen Schotterweg ausgelaufen. Will hat gewendet, stumm, grimmig, und brettert jetzt in die andere Richtung. Auch diese neue Straße scheint schmaler zu werden, holpriger, die Bäume rücken näher heran. Ich habe aufgehört, im Rückspiegel Wills Blick zu suchen. Ich habe nur noch Augen für meine Tochter, drücke sie dicht an mich, als könnte das etwas helfen.

Sie ist sichtbar schwächer geworden, blasser, aber sie keucht immer noch, greift nach ihrer Gurgel; meine anderen Kinder schweigen beklommen.

Auf einmal gibt das Navi ein lautes Piepsen von sich. Der Bildschirm blinkt auf, dunkelt sich ab, und eine Karte erscheint, die Straßen weiß, die Felder grün. Wir haben Empfang. Gleich vor uns, zeigt sie uns, kommt eine Kreuzung und ein paar Kurven später eine Hauptstraße: gnadenvoll gerade, beglückend breit.

Wir befinden uns, lässt uns das Navi mit unnachahmlicher elektronischer Ruhe wissen, zwei Minuten von der *autostrada* und acht Minuten vom nächsten Krankenhaus entfernt. Ein rotes »H« blinkt in der Ecke des Bildschirms, leuchtet uns, weist uns den Weg: noch acht Minuten, noch sieben, noch sechs. Will fährt wie der Teufel, Geschwindigkeitsbegrenzung hin oder her, und als wir das Krankenhaus von Orvieto erreichen, halten wir reifenquietschend in der Einfahrt zur Notaufnahme an, und ich springe heraus, schon in vollem Lauf, meine Tochter in meinen ausgestreckten Armen wie eine Opfergabe. O nein, denke ich, o nein, du kriegst sie nicht. Nicht jetzt, nicht hier. Du nimmst sie mir nicht weg, heute nicht und noch eine ganze Weile nicht.

Sie ist. Sie ist. Sie ist.

Danksagung

Danke dir, Will.

Danke, Mary-Anne Harrington und Victoria Hobbs.

Danke euch, Cathie Arrington, Sarah Badhan, Yeti Lambregts, Georgina Moore, Hazel Orme, Vicky Palmer, Amy Perkins, Barbara Ronan und dem ganzen Team von Tinder Press. Danke, Jennifer Custer, Vickie Dillon, Hélène Ferey und allen bei A. M. Heath.

Danke auch an meine Eltern, für all die Fragen, die sie mir beantwortet, und all die Dokumente, die sie für mich herausgesucht haben; an meine Schwester, dass sie mich an ihren Erinnerungen an unsere Kindheit hat teilhaben lassen; an Sarah Urwin Jones für die aufbauenden Gespräche über das Wesen von Memoiren; an Ruth Metzstein, die mich auch diesmal auf ihre unnachahmliche Art durch die letzte Fassung gelotst hat; an Professor Rustam Al-Shahi Salman, der mir beim Schreiben mit seinem neurologischen Fachwissen zur Seite gestanden hat.

Ewig dankbar für ihre Kompetenz, ihr Mitgefühl und ihren Beistand für meine Tochter bin ich folgenden Menschen: Dr. Adam Fox (der bei uns daheim immer der Fantastische Dr. Fox heißen wird), Professor Jürgen Schwarze, Susan Brown, Schwester Lowe und der Belegschaft der Lauriston Place Dermatology Department, Daisy Donovan, Francisca Morton, Susana Montoya-Peláez, Charlotte Willson, Lorna Wills, Vivienne Mackay und Karen Ford. Ihr alle macht ihr Leben um so vieles besser.

Von dem Erlös aus diesem Buch sollen Spenden an folgende Stiftungen gehen: an die Anaphylaxis Campaign, die Unterstützungs- und Lobbyarbeit für Patienten mit schweren Allergien leistet, und an Medical Alert Dogs, wo Hunde dazu abgerichtet werden, Menschen mit einer lebensbedrohlichen Krankheit zu helfen und sie zu beschützen.

Zitatnachweis

S. 7 Textauszug aus: Sylvia Plath, Die Glasglocke, S. 261.
Aus dem amerikanischen Englisch von Reinhard Kaiser.
© Suhrkamp Verlag Berlin 2013

S. 97 Hilary Mantel, Von Geist und Geistern, S. 216/218
übersetzt von Werner Löcher-Lawrence, Dumont 2015

S. 108 Isak Dinesen (Karen Blixen), Seven Gothic Tales,
übersetzt von Sabine Roth, mit Dank an die Rungstedlund
Foundation und das Karen Blixen Museum

S. 175 Brent Crane, For a More Creative Brain, Travel,
übersetzt von Sabine Roth, mit Dank an *The Atlantic* und
Professor Galinsky

S. 203 Textauszug aus Robert Frost, Promises to keep.